平凡社新書
1018

# 世界食味紀行

## 美味、珍味から民族料理まで

芦原伸
ASHIHARA SHIN



HEIBONSHA

# 世界食味紀行●目次

はしがき……9

# 第1章 ヨーロッパ、ロシア

1 イギリスはおいしいか ▼イギリス……14
ロンドンのローストビーフ／タラ戦争とニシン戦争／カントリーサイドはパブで田舎料理を楽しむ／貴族の館ですき焼きパーティ

2 謎のスパゲッティ・ナポリタン ▼イタリア……25
高度経済成長時代の置き土産／本場のナポリへ、いざ！／ナポリは太陽がいっぱいのトマトの産地／トマトケチャップを使うなんて！

3 バイエルンの「青い鱒」 ▼ドイツ……34
一六世紀のビアホールがあった／ビールにはソーセージが似合う／バイエルンの青い鱒／ホテルの朝食、ドイツのパンはおいしい！

4 オリエント急行の不思議旅 ▼ヴェニス〜ロンドン……42
よみがえった〝青いプリマドンナ〟／東洋趣味のクラシックな客室／フレンチシェフのフルコース料

理／まるで映画の舞台のような雰囲気
**5 バカヤロウ！ と呼ばれるサカナありき ▼ポルトガル** ……52
サウダーデという心情／コメとサカナが主食／アレンテージョの田舎へ／マデイラワインの故郷へ
**6 アジアとヨーロッパ、渾融の血 ▼ハンガリー** ……62
抑圧された戦いの歴史／自由な風が吹くブダペストの街／美しいドナウの散歩道／湯の街・ブダペストに遊ぶ／グヤーシュとトカイワインのご馳走
**7 シベリアの恵み、バイカルの幸 ▼シベリア** ……74
日本人ゆかりの町、イルクーツク／栄養たっぷりのシベリア料理／バイカル湖畔で巨万の夢を見る／湖畔の小さな村に日本人墓地があった

## 第2章 アメリカ、オセアニア

**1 ボストンへマグロを食べに行った ▼ボストン** ……86
開拓時代の面影を残す車窓風景／本場ボストンマグロの真相／スペンサーのボストン案内
**2 ミシシッピ川の贈りもの ▼ニューオーリンズ** ……96

優雅を極めた南部のブランチ／ジャンバラヤが代表するケイジャン料理／スパイスは新大陸発見、貿易戦争の元だった／ラフカディオ・ハーンの料理本

3 されどステーキ、やはりステーキ ▼アラスカ……107
多彩だが無才なグルメの町／思い出のフェアバンクス／「ダブル・マスキー」のリブステーキ／アラスカで体験するケイジャンクイジーヌ

4 北太平洋、黒潮の底力 ▼カナダ……116
世界一のグルメシティ、バンクーバー／アジア、日本とは歴史で結ばれている／ヴィクトリアで「カミカゼ」を飲む／キングサーモンの夏／ハイダ族のエスニック料理

5 南半球で味わったハギスの珍味 ▼ニュージーランド……128
北と南、逆さまの国／郷愁漂うダニーデンの街へ／スコットランドのハギスを味わう／ハンギ料理のウナギを味わう


## 第3章 中国、アジア

1 中国三都食物語 ▼洛陽、西安、北京……138

洛陽の老城歩きを楽しむ／西安の火鍋／北京、やはり本場ダックを食べなくては

## 2 シルクロードを食べる ▼新疆・シルクロード……151

黄河の街、蘭州／蘭州の牛肉麺／ウルムチの〝地鶏街道〟を行く／カシュガル、シルクロードのスパゲッティ／夜市の楽しみ

## 3 壮絶無比、ワイルドな野味を味わう ▼マカオ……161

食味体験は好奇心と勇気を／野味の魔窟か、美味求心か?

## 4 焼肉、刺身、ウナギ——元気の源は食にあり ▼韓国……168

キムチとニンニクを食べなきゃ韓国は分からない／鮮魚の刺身は済州島へ／済州島には馬肉のビビンバップがあった／扶余のウナギ

## 5 犬鍋が最高！ と聞かされて ▼北朝鮮……178

北朝鮮へ、シルクロードの面影をさがしに／トランプ元大統領が越えた国境／北朝鮮のグルメを楽しむ

## 6 ジンギスカンをめぐる冒険 ▼日本・北海道……186

羊はアメリカからやってきた／ジンギスカン料理の元祖といわれたサッポロビール園／ジンギスカン、

義経伝説の真偽／もとは中国の回々料理の「カオヤンロウ（烤羊肉）」か？／昭和一一年、サッポロ狸小路で試食会が行われた／元祖、松尾ジンギスカンを訪ねる

## 第4章　中東、アフリカ

**1　トランス・アジア・エクスプレスの変　▼イスタンブール〜テヘラン**……206
三泊四日の長距離列車／ノアの方舟、アララト山は見えず／ザクロの起源はザグロス山脈？

**2　カサブランカ、一夜の幻惑　▼モロッコ**……215
オマール海老の美味に酔いしれる／大西洋の多彩な地魚／タジンとクスクスを召し上がれ

**3　サヴァンナの宴に酔いしれる　▼ケニア**……225
スタートは山羊の焼肉から／富裕層の常連が行く「タマリンド」／サヴァンナの極楽／シェ・シェールという名のレストラン

# はしがき

海外旅行者にとって「食」は欠かせない重要なカテゴリーだ。世界の国々には思わぬ食材や調理法があり、美味、珍味、奇食がある。旅の楽しみのひとつは、それらを食しながらのレストランでのひとときだろう。

世界の五大陸、七つの海を旅した。

国でいえば七〇ヵ国を超えるだろうか。

いずれの国も単なる観光ではなく、カメラをもちノートにメモをとりながらの取材旅行だった。新聞、雑誌に旅行記事を発表するとか単行本を書くという仕事であった。記事は観光名所や歴史遺産、風景や人の暮らしというものだったが、食味も必ず取材した。美食を仕事にしたとはなんとも幸福な話ではある。

食に関する記事は読者にとっては関心が高い。だから日が暮れたからといってホテルへ帰るとか、今夜は日本食を、などとは言っていられない。何かユニークな料理はないか、地元でしか食べられない珍味はないか、と通訳ガイドにチップを渡して残業を頼む日々であった。

こまめに現地の評判のレストランを訪ねた。場合によっては一夜で二軒、三軒のレストランを梯子したこともある。だからここで紹介した料理品目は、おそらく読者にとっても一度は試食したいご馳走メニューになっているはず、と確信している。

本書はそうした取材の折に味わったもの、また記憶にある特筆すべきご馳走など、世界各国での食味体験をまとめたものだ。ただし私は料理専門家ではないので、グルメに特化しているわけではない。調理法や食材について極力取材したつもりだが浅学ゆえの誤記などもあろうかと思う。だからなるべく料理にちなむ歴史や文化に的を絞った。料理を知ることは、その土地土地の生活を知ることであり、調理法は民族固有の技術（知恵）である。人々が何を食べているか、食材や料理名を知ることは、その国を知るキーワードとなり、言葉を学ぶ基本ともなった。多少古い話も入っているが、民族料理は時代を経てもさほど変化はないはずである。

四〇年に及ぶ私の紀行作家としての経験から語れば、欧米から遠く離れた極東の島国で、農耕民族のわれわれ日本人の常識は限られており、広い世界の料理現場では百聞は一見にしかず、目からうろこ、現地で体験しなければ理解できないことが多かった。

たとえば、日本人の主食はコメであり、ごはんがないと食事ははじまらない。しかし世界では主食、副食の区別がある国の方が珍しい。パンとかパスタは主食ではないし、中国でも米飯や麺が主食とは言えない。

料理に酒はつきものだが、世界では料理と酒が分離している国も多い。たとえばアメリカ（州による）、北欧、オーストラリア、新疆（中国）などの多くの店では酒は自分で持ち込まねば料理とともに楽しめない。日本の中国料理店は必ず紹興酒（老酒）を置いており、中国料理と紹興酒は切り離せない味覚のコンビだと思っていたが、現地の飯店（レストラン）では紹興酒はほとんど置いていなかった。また冷やし中華、アイスコーヒー、魚肉のカルパッチョは日本のオリジナルで他国では見つからない。

世界でもっとも広い面積を保有しているのは遊牧民族の国々ではないか、とも実感した。モンゴル、中央アジア、トルコ、ウクライナ、ハンガリー、ブルガリア、アラブ諸国などなど。また牛や豚は宗教上タブーの国はあるが、羊肉は世界共通で、おそらく民族的には一番食されている肉類ではないか、と思う。現在、オーストラリア人はひとり年間八キログラム、ニュージーランド人は四キログラムの羊肉を食べている（日本人は年間わずか二〇〇グラム）。日本では昭和の時代になってやっと北海道で羊肉食文化（ジンギスカン料理）が誕生するが、それまでの日本には羊肉食文化はなかった。旅を重ねると今さらながら遊牧民族と羊肉料理が世界の大半を占めている、という事実に驚く。世界の食風景はモーゼの創世記以来さほど変わっていないのだ。

冷戦が終わってすでに三〇年が経ち、世界がグローバリズムという大きな経済の潮流のなかにあり、料理もスタンダード化し、どの国へ行っても同じようなコース料理が出されるようになった。

しかし、大都市の片隅や田舎の村の食堂、あるいは草原の市場では民族固有の料理はしたたかに残っており、その土地でしか味わうことのできない料理を見つけるのも楽しい旅の体験だ。

世界は狭くなったが、料理は不滅である。それは言葉や宗教と同じように、料理は民族の血に根づいているからだろう。料理を味わい、そのうまさを知ることが、また世界の歴史や文化の謎を繙くことになる。料理はその魔法の水先案内なのである。

二〇二二年 秋

芦原 伸

# 第1章　ヨーロッパ、ロシア

ドイツ　ソーセージ

ポルトガル　タラ料理バカリャウ

ハンガリー　グヤーシュ

# 1 イギリスはおいしいか ▼イギリス

## ロンドンのローストビーフ

「ロンドンに旨いものなし」とは不精者の発言なり——などという格言があるように、ロンドンでも店を探せばおいしいものはある。

たとえばローストビーフ。これはイギリスを代表する料理で、日曜礼拝に行った後、家族で楽しむサンデー・ブランチの定番のご馳走だ。牛の背の大きなかたまり肉をじっくりとオーブンで焼き、表面はうっすらと焦げ目のあるウェルダム、なかは肉汁のしたたる赤身（レア）という薄切り肉は、口に含むとじわっと肉汁が沁み出し、肉の香ばしさと噛みごたえのある食感がたまらない。肉に添えるホースラディシュやクレソンの香菜がワイルドな肉の精気を抑え、野の爽やかさを口中に伝える。

普通はヨークシャプディング（小麦粉に卵、牛乳をまぜてつくるシュークリームの皮のようなもの）が添えてあり、肉にグレイビー・ソースを少しかけて食べる。

ホテルなどのパーティでは、寿司と並んで人気メニューの一つで、お皿をもった客たちの長い列ができてしまう。最近では、日本の肉屋さんがその店ならではの独自のローストビーフを作り看板にしているところも多い。

イギリスは肉食文化の国と思われがちだが、昔からそんなに牛肉を食べていたわけではない。もともとカトリックの国だったから禁欲日が多く肉は食べられなかった。意外なことだがイギリスも日本と同じく大いに魚を食べる国だったのだ。

肉を日常的に食べるようになったのは宗教革命が起き、イギリス国教会がローマから独立してのち、一八世紀末の農業革命以来のことだ。イギリスの農業革命は産業革命とほぼ並行して起こった農村社会経済の流通革命で、それまで自給自足していた農作物や乳製品を商品として出荷するものに特化して生産し、あとの必要な食材は輸入ものに頼る、という現代に近い食生活に切りかえたことによる。

肉牛に限れば、それまで牧草のある時期に育成し、牧草が枯渇する冬に屠殺、その後出荷というサイクルだったのを、冬には飼料とするカブなどを植えて肉牛を一年中生産できるようにしたからだ。また当時の鉄道の改良で冷蔵貨車が普及し、季節を問わず大量に運べるようになったことも大きな要因となった。以来、牛肉は都市部で恒常的に入手できるようになり肉食文化が発達したというわけだ。

ローストビーフの起源は、イギリスに進駐したローマ兵士が牛肉をかたまりのまま焚き火で焼いたことといわれている。またかつてサンデーローストという習慣があり、イギリスの貴族の館では日曜日にお客を呼び、その時牛をつぶして塊肉を炙って食べたのがはじまりだともいわれている。残った肉は日々の食卓でサンドイッチにしたり、フライにしたジャガイモと一緒に食べたりしたようだ。

さて、ロンドンの「シンプソンズ・イン・ザ・ストランド」をご存知だろうか。コベントガーデンにあるロンドンの伝統的なローストビーフの店だ。

いかめしい門構えで、一八二八年にオープンしたという老舗。高い天井にシャンデリア、白いテーブルクロスの上に銀のナイフとフォーク。男はジャケット、ネクタイ姿でなければ入れないという格式を誇っている（といっても受付でネクタイは貸してくれるが）。

名だたる政治家や文学者がここに集まり、世の行く末を論じ合ったという〝歴史の目撃者〟でもある。

注文すると、白シャツに蝶ネクタイの給仕がワゴンを押してしずしずと登場、目の前で丁寧にローストビーフを切り分けてくれる。ワゴンの上に乗っている堂々たる肉の塊が誇らしげだ。

肉はスコットランド産のアバディーンアンガス（肉牛には、牧草のみで育てるグラスフェッド種と穀物を混ぜるグレインフェッド種の二種あり、アンガス種は穀物派で肉が柔らかい）、その国産牛を二八日間以上熟成したものを使っている。正統派ヨークシャプディングも添えられる。

と、思わず萎縮してしまいそうだが、このシンプソンズ、もとはといえば上流階級の「賭博場」だった。ローストビーフはチェスなどのゲームをやりながらつまんで食べたものなのだ。まぁ日本でいえば「鉄火巻」というところだ。

真剣勝負をやっていて、小腹が空いたから一口入れる。つまり間食なのである。ところがサンドイッチではなく、ローストビーフというのがやはり紳士の国の尊厳なのだろう。

賭博といえどもチェスは紳士のゲーム。ゴルフ、競馬とおなじく社交界の知的スポーツだといえようか。

## タラ戦争とニシン戦争

イギリスの料理は「おいしくない」、というのが定評だが、それは料理の本場であるフランスやイタリアに比べてのこと。おいしいものにこだわり、美食が人生の目標というフランス人に比べると、確かにイギリス人は料理にさほど意義を感じていない。フランス人のようにスパイスやハーブを多量に使い、素材よりもソースにこだわる感性はイギリス人にはなく、ヴィネガと塩で味付けはみなこなす。野菜はどれもが煮てしまうのが基本だ。

まぁイギリス人には料理よりほかに、狩猟やゴルフなど人生の愉しみがある。料理なんてものは料理人に任せておけばよい、といった気風が古来イギリス紳士にはあるのだ。

それでも、イギリスにもおいしいものはある。

たとえば、これが料理かどうかは意見が分かれるところだが、イギリスの代表的なファストフードである「フィッシュ&チップス」。これはタラ（カレイの場合もある）の揚げものと揚げジャガイモに塩とヴィネガをかけて食べるという単純なもの。わら半紙か新聞紙でくるまれて出てくるのがフツーで、どんな田舎へ行っても、街角にフィッシュ&チップスの店はある。

手軽に買って、公園のベンチに腰掛けて、フーフー言いながら食べると、ハンバーガーやピッツアどころではないとても深い味わいなのだ。タラは近くの北海周辺でとれたもので、日本の小型のタラとは違い魚体が大きく、冷たい海水にもまれて脂肪が乗ってプリプリしている。夏でも太陽光が薄く寒い日の多いイギリスだから、温かくて、安くて、しかも栄養価が高いタラはイギリス人の国民食といってもいいくらいだ。

前世紀の後半「タラ戦争」があった。

北大西洋のアイスランド周辺は、世界有数のタラ漁場で知られるところだ。ここにはイギリスをはじめ各国の船団が出漁している。しかし乱獲のために漁場が乱れ、獲れる魚体がどんどん小型化していった。思いあぐねたアイスランド政府は、それまでの領海四海里から一二海里へと拡張を宣言した。それに対してイギリスは、既得権を主張し二国の間に争いが起こった。それでも漁場は回復せずアイスランドは五〇海里を宣言。漁獲を続けるイギリス漁船にアイスランドが砲艦を出撃させ発砲した。イギリスも漁船団保護を目的に海軍を送り出しついに国際紛争事件へと発展した。

ついでにお話しすると、「ニシンの戦い」というのもあった。一四二九年のことで時はイギリスとフランスの百年戦争のさなかだった。中世から近世にかけてヨーロッパでは戦争が多かった。そうした時、塩漬けしたニシンは戦闘時の保存食として貴重だった。

イングランド軍がオルレアンを包囲して危機一髪の時にジャンヌ・ダルクが現れ、フランス軍の窮地を救った。その折イングランド軍の食料不足を補うため本部からニシンの塩漬けを戦線へと送るが、途中でフランス軍の急襲を受けた。イングランド軍はニシンの樽をバリケードにして、最後はフランス軍を撃退したという。

いずれにしてもタラ、ニシンはイギリス人にとってはなくてはならぬ重要な食材だったのである。

## カントリーサイドはパブで田舎料理を楽しむ

フィッシュ&チップスの屋台と並んで多いのが街角のパブだ。

イギリスではパブは単なる居酒屋ではなく、食堂であり一家団欒のサロンでもある。バーカウンターは近所の呑み助が集まってビールを楽しんでいるけれど、パブには必ずテーブル席があり、ここでは家族やカップルが食事を楽しんでいる。ランチメニューは充実していて、ステーキやローストビーフなどの肉類、サーモン（鮭）やドーヴァーソール（舌ビラメ）などのちゃんとした魚介類料理が楽しめる。

キドニーパイやコテージパイは、イギリスパブの典型的なランチ料理だ。

キドニーパイは、正式にはステーキ&キドニーパイといい、サイコロステーキと雄牛の腎臓をメインにジャガイモやグリーンピースなどの野菜を入れてグレイビー・ソースで煮込んだもの。いかにもカントリー風の味わいがある。コテージパイは、サイコロステーキの代わりにひき肉やローストビーフの残り肉を使い、マッシュポテトで包んで焼いたミートパイだ。いずれもジャガイモやタマネギなどの野菜が豊富に入っており、温かくて、素朴な料理でとびきりおいしい郷里のおふくろの味である。

## 貴族の館ですき焼きパーティ

かつては「陽の沈まぬ国」といわれた大英帝国である。

その頃、地方に住む貴族たちは時代の花形だった。宮殿のような屋敷には多くの使用人を抱え、領地の見回りと近在の貴族たちを集めての社交パーティが彼らのおもな仕事だった。

金を稼ぐためという下品な労働で決して汗をかかないこと――が紳士の生き方《ウエイ・オブ・ライフ》だった。しかし、それがやがて世にいう英国病を招いた。若者たちは意欲をなくし、経済が低迷した。

産業革命は遠い日の夢となり、植民地はほとんどが独立した。もはや余剰をかすめる時代ではない。おまけに相続税、人頭税が重く両肩にのしかかる。地主とて今はビジネスをしなければ激動の時代に生き残ってはゆけない。

ロンドンの南、バース近郊に暮らすジョン・デニング氏は先祖が一六世紀のヘンリー八世につながるという名門の貴族だ。いちはやくビジネスに開眼した彼は、先祖代々受け継いできた館をマナーハウスにして経営者となった。マナーハウスとは貴族の館をB&B（ベッド&ブレックファースト）にして旅行者を受け入れる宿泊施設だ。

彼の経営する古城ホテルのようなB&Bに宿泊したことが縁となり、以来たびたび訪れたことで、ファーストネームで互いを呼び交わす仲になった。フライフィッシングを趣味とする彼と心が通じたのである。以来、イギリスにゆくたびにジョンの古城ホテルに泊り、親交を重ねた。

貴族に招待されて、貴族の館の正式な食堂ではなく台所で奥方から手作り料理をいただくというのは大変な名誉であることをその時知った。つまり、私はもう客ではなく、家族扱いということらしい。

そのお返しに、私はジョンとその妻、ベス（エリザベス）に、「今度はぼくが日本のすき焼きをご馳走するよ」とつい、もののはずみで言ってしまった。

「ワンダフル！」とベスは歓声をあげ、

「近所のお友達も呼んでいい？」となった。

なんだか大事になってきた。ジョンはといえば、

「男子厨房に入らず、というのは君たちの国の教訓じゃなかったのかね」

などと茶化しながら、脇の椅子に腰かけてウイスキーをグビグビ飲んでいる。

翌朝、私は街のスーパーへ食材を探しに行った。

まずは野菜。日本の長ネギに似たリークがあった。日本のネギと比べて図体は太くてデ

カいが何とかなりそうだ。春菊はないのでほうれん草はあるだろうと、捜したが見当らず、意外だった。ポパイのスピナッチはアメリカだけの話なのか。仕方なくチンゲン菜のような中国野菜で代用した。驚いたのは日本の大分県からの生椎茸が店頭にあったことだ。日本と同じく一〇個くらいがパックされ、SHIITAKE MUSHROOMと書かれてあった。

次は肉だ。ショーウィンドーを眺めて、ハタと困った。こちらの肉屋は数ポンド単位の塊肉しかおいていない。日本のような薄切りがないのである。せめて脂肪分の多いバラ肉はないか、と女性店員にきいても要領を得ない。仕方なく肩ロースの塊を「薄く切って」と頼んだが、やはり理解できないようだ。肉切り包丁など使ったことがないからだ。ふと見ると、隣にハムスライサーがあった。

そうだ、あれで薄切りにすればいい。

女店員はキツネにつままれたような表情になり、「オーケイ、アイ、トライ、イット」と、やっと納得した。何となくすき焼き肉のような形になった。

さてさて、豆腐、糸こんにゃくはないか、と捜したが見つからず、醬油はキッコーマン製のものがすぐに見つかった。白米を炊くのはおっくうなのでヌードルにしようと捜したら、インスタントラーメンが見つかった。しかし、中国製の極彩色の包装で売れ残っているらしく、いささか薄汚れていたので敬遠。イタリア製の幅広のパスタにした。

さて、すき焼きパーティはベスの友人夫婦ら数人が集まり盛り上がった。

「日本人は仏教徒で、昔から獣肉を食べなかった。牛肉料理は明治以降、あなた方西欧人が教えてくれた」と世辞を述べ、「すき焼きは、その肉食文化を日本流にアレンジしたもの」と、私は「和魂洋才」を訴えようと思ったのだが、その後の言葉が出ない。

私のスピーチが行き詰まると、ジョンがまた「ゲイシャはすき焼き食べるから踊りが上手になるのかね?」などと冗談を言って皆を笑わせ、食事会は瞬く間に終わってしまった。

ただ困ったのは、あっという間に肉、野菜、パスタは平らげられてしまい、次のお皿を待たれたことだ。すき焼きは彼らにとっては前菜のようなもので、次に出るメインディッシュは何かと、ずっとお待ちになっていたのである。

何と言えばよいのか、またまた言葉が出てこない。

その時、ベスが機転を利かせて、ケーキと紅茶を運んできた。

すき焼きパーティ終了の宣言だった。

今思えば、皆さん、おなかを空かせて帰路を急がれたことだろう。

胃袋の大きさの違いは予想だにしなかった。やはり洋の東西では大いなるカルチャーギャップがあったのだ。

「おいしかったよ、皆満足したようだ」

グビグビと、ウイスキーを飲《や》りながら、ジョンが私をねぎらってくれた。

## 2　謎のスパゲッティ・ナポリタン　▼イタリア

### 高度経済成長時代の置き土産

懐かしい昭和の味の代表はスパゲッティ・ナポリタンだろう。

昭和四〇年を境にして日本人の食生活は激変したといわれる。それまでの丼ごはん、そば、うどんに代わって、舶来のハンバーグ、スパゲッティ、ラーメンが各家庭、食堂で急増した。東京オリンピックが成功裡に終わり、大阪万博へとさらなる高度経済成長が進んだ時代である。

喫茶店が横丁ごとに生まれ、ドリップコーヒーが飲まれ、昼食にはカレーライス、スパゲッティ・ナポリタンが定番となった。

ウィンナーソーセージ、ピーマン、タマネギなどを炒めスパゲッティと合わせ甘酸っぱいトマトケチャップで味付けをする。今でも喫茶店の定番ランチメニューで人気がある。

いかにも昭和を思い出すような気分で私も好物である。手軽なおいしさでなんとなく安心する味で、食後のコーヒーにもよく合う。

おなじみのスパゲッティ・ナポリタンは、実は日本生まれの和製スパゲッティなのだ。誕生地は横浜のホテルニューグランドで、戦後は進駐軍（GHQ）の将校クラスの滞在するホテルだった。初代総料理長はスイス人のサリー・ワイルで、パリの三ツ星レストランから引き抜かれ、ここでメニューを創案し、日本人コックらを指導したといわれる。スパゲッティ・ナポリタンは二代目シェフ、入江茂忠がアメリカ軍将校らの注文をきいて、彼らの好みに合わせて作ったというのが定説だ。

今もホテルニューグランドでは、ホテル内の「コーヒーハウス・ザ・カフェ」で伝統のスパゲッティ・ナポリタンが味わえる。

ここではさすがにケチャップは使わず生トマト、トマトの水煮、トマトペーストを使い、具はマッシュルーム、ハムだけでピーマン、タマネギなどの野菜は使わない。

トマトケチャップを使うスパゲッティは、同じサリー・ワイルから料理を学んだという石橋豊吉が開いた野毛の「センターグリル」で誕生したようだ。この店は今も健在で、手軽にスパゲッティ・ナポリタンを味わえる。こちらは極太麵を使い、ケチャップ、ロースハム、野菜が入った懐かしい味のスパゲッティ・ナポリタンだ。

## 本場のナポリへ、いざ！

ナポリへ行った。

和製ではない、本場のスパゲッティ・ナポリタンを食味したかった。

ナポリはローマから特急で一時間一五分ほど。南イタリアの乾燥した山稜地帯を走ると、輝く青色のナポリ湾が広がる。今も活火山・ヴェスビオスが噴煙をたなびかせ、太陽がさんさんと降り注ぐ。そこで出会う本場のスパゲッティ・ナポリタンとは、いかなるものだろうか。

ちなみにイタリアは「北」と「南」に食文化は分かれる。

北はアルプスにも近く、山岳地帯が多く気候は寒冷で酪農が盛んだ。寒さに耐えるための乳製品のチーズや煮込み料理、きのこ、ジビエなどしっかりした味付けのものが好まれる。リゾットなどに使う米もポピュラーだ。日本のワインバーで人気のカルパッチョも北部のヴェニスが有名。ちなみにカルパッチョは牛肉を薄く叩いてソースをかけたもので、日本のワインバーのメニューによくある生魚カルパッチョは日本独自のアレンジのようだ。

一方、南は太陽に溢れ、オリーブやトマト、野菜が豊富。地中海に面しているので魚介類も多彩だ。ボンゴレ・ビアンコはアサリ、ハマグリなどの貝類を白ワインで蒸したもの。

新鮮な白身魚をトマト、オリーブオイルなどとともに煮込んだアクアパッツアも南国特有の料理だ。欧米人に嫌われるタコもナポリの名物で、ポルポ・アッフォガート（溺れ煮）が人気である。

さてさて目的のスパゲッティだ。

パスタの麺はもともと中国から伝わった。かのマルコ・ポーロが帰国時、海のシルクロードを経て中国の乾麺をイタリアへ持ち込んだ、との説もあるがこれは中国伝来を〝分かりやすくするため〟の作り話のようだ。麺の発祥は中国で、青海省の古代古墳で世界最古となる約四〇〇〇年前の麺が発見されている。メソポタミア、中近東より古い時代だ。直径三ミリ、長さは五〇センチメートルあり、色は黄色で、中国の伝統的な麺だという。原料は小麦ではなくキビ、アワなど雑穀の麺だった。

小麦はメソポタミアが発祥だから、シルクロードの商人たちが小麦粉を中国に運び、それを中国人が乾麺にして商人たちがふたたびイタリアへ持ち帰ったのだろう。そこでスパゲッティが生まれた。

## ナポリは太陽がいっぱいのトマトの産地

ローマがイタリアの東京だとすれば、ナポリは大阪である。

狭い路地に洗濯物が万国旗のように翻る。新聞やアイスクリームを売る少年、客引きに余念がないタクシーの運転手、この街は人の匂いがやたらに濃い。

ヴェスビオス火山の裾野に広がる丘陵はトマトの一大産地だ。トマトはもともと中南米が原産地である。大航海時代に広がるスペイン人がこの希なる果実を入手してナポリに持ち込んだ（当時ナポリはスペイン領だった）。ここで麺とトマトが出会いスパゲッティ・ナポリタンが誕生したというわけだ。

めざすはサンタルチア海岸。この海岸沿いがリゾート地で、おいしいレストランが多いときいた。

とある老舗のレストランに入る。一九一九年の創業で、海岸に面した広くて明るいお店だ。店内の入り口の壁には、ソフィア・ローレン、アンソニー・クイン、ジーナ・ロロブリジーダなど常連だった往年の銀幕スターたちのポートレートが張ってある。有名人が贔屓にしている店である。

浜辺のオープンテラスに席をとり、まずはキムタクが有名にしたというラクリマ・クリスティ（キリストの涙）なる白ワインを冷やして飲む。ナポリ伝説のワインだ。目の前に広がる真っ青な海、真夏の空に浮かぶ真っ白な入道雲を眺める。

七月中旬、気温は三七度の猛暑だが、日陰のあるテント張りの下では潮風が心地よい。まるで『太陽がいっぱい』のアラン・ドロンのような気分になった（ちょいと古いか？）。

イタリアでは食事の最初にパスタかスープか、ではじまる。スパゲッティは前菜である。日本ではパスタはごはん（主食）扱いで、最後にお腹を満たすために食べる習慣があるが、ここではスープと同じで、レストランに入るとまずはパスタを選ぶことになる。はじめてイタリアに来たとき、スパゲッティを注文したら大盛りで出され、全部食べてしまった。すると、次にセコンド・ピアット（メイン料理）をきかれた。お腹はふくれてそれ以上食べきれず、大恥をかいた覚えがある。

「イタリアのレストランでパスタだけ食べて帰ったら、日本の料亭でみそ汁だけ食べて帰ったのと同じ」と、かの石毛直道センセイは言っている。

ちなみにピッツアは？

というと、ピッツアは日本で言えば「お好み焼き」の感覚。ジャンクフードとまではいかないが、決して正式なコース料理の品目ではなくディナーでは食べない。小腹が空いたら、ちょいとピッツアハウスに立ち寄って、というくらいのものだから、くれぐれも正式なレストランで「ピッツアはないの？」なんて聞かないこと。

さて、イタリアのコース料理は、皆さんすでにご存知だと思うが、復習すると、まずはアンティパスト（前菜）。お店により中身は異なるが、野菜中心の小皿が出される。アンティパストの種類は多いので、客が好みによって二、三品を選ぶのがコースのはじまりだ。店によっては中央テーブルにあらかじめ並べられており、自分で好きなものを取りにゆくというスタイルもある。

次がプリモ・ピアット。「第一の皿」といわれ、ここではパスタかスープかを選択する。スープはコンソメ、ミネストローネ（野菜スープ）が多く、この段階でリゾットを注文することもできる。次がセコンド・ピアットといって「第二の皿」、これがメインディッシュで客は魚料理、肉料理から選択する。最後はドルチェ（スイーツ）となり、ジェラート、ティラミス、カンノーリなどを選んで、コーヒーとなる。

イタリア人の胃はやはり大きいのである。

**トマトケチャップを使うなんて！**

さて、本命のスパゲッティ・ナポリタンである。

期待してメニューを開くと、ナポリタンの名はない！

不思議に思い、接客チーフ（真っ白なワイシャツに黒のスーツで決め込んでいる）に有無を確認すると、

「もちろん、あるさ。スパゲッティ・ナポレターノ（イタリア語でのスパゲッティ・ナポリタン）は家庭料理なんだよ。お金をとってわざわざお客に出す料理じゃないので、レストランのメニューにはどこもないけど、家庭ではみんな毎日食べてるよ」

ナポリは昔からトマトの名産地。輝く太陽のもとでトマトはすくすく育ち、おいしい実を育んだ。ヴェスビオス火山山麓で採れるトマトの質は世界でも有数だという。

ご当地スパゲッティ・ナポレターノはトマトとバジリコを使う単純な料理で、ずっと昔からあるんだそうな。

なんだ！　そんなことだったのか？

そういえば昔、房総半島にイワシを食べたくなってわざわざ出かけたことがあった。太平洋に面した銚子や勝浦は新鮮な獲れたてのイワシが特産だ。ところがどの食堂や居酒屋にもイワシ料理のメニューはなかった。きいたら、やはり、イワシは普段の家庭料理だから客をもてなすものではない、とのこと。ナポリと同じ発想で商品価値がないということだ。名物が地元で食べられないのは悔しくて、気が抜けてがっかりしていると、

「太陽さんさんのナポリならではの料理だ。今、作ってあげるよ」

映画俳優のようなハンサムなチーフが、はるばる日本からスパゲッティ・ナポリタンを食べるためにやってきた私に気を遣ってくれた。カウンターの向こうで料理スタッフも

「心得た！」というようなガッツポーズをしてくれている。

「日本ではトマトケチャップを使うんだ」と言ったら、一同が、

「フーッ」と、両手をあげてため息をついた。

「そんなメチャクチャな」というポーズである。

さて、本場のスパゲッティ・ナポリタンは、ピーマンやソーセージ、タマネギなどの具は一切なく、生トマト、トマトソースだけを合わせたスパゲッティにバジリコの葉がのっているだけ、というシンプルなもの。日本のお店に最近出てきたスパゲッティ・ポモドーロである。

自然の滋味溢れるトマトの濃い味が麺にしみわたり、淡泊でバジリコの香りが食欲をそそる。

「おいしい。これは日本人の観光客が喜ぶよ」と言ったら、チーフは、

「そうか、そうか。それなら」と一言残して、事務所へ向かった。

「どうだい、これで」

やがてもってきたメニューには素早く打ち込んだ新メニューが写真入りで載せられていた。

「スパゲッティ・ア・ラ・ナポレターノ」が誕生したのだ。

値段はボンゴレに比べると、気持ち安くしてあった。地元特産割引のつもりだろう。読者諸氏もナポリへ行ったら、ぜひ地元のナポリタンを味わっていただきたい。店名をこっそり教えると「La Bersagliera」。しかし、ヨーロッパの老舗の伝統なんて、所詮こんなものなのか？

## 3 バイエルンの「青い鱒」▼ドイツ

### 一六世紀のビアホールがあった

ミュンヘンの五月、山国のバイエルン地方にやっと春がやってきた。

ドイツの春はシュパーゲルとともに始まる。シュパーゲルとは白アスパラガスのこと。町の市場を覗けば、シュパーゲルが山積みにされている。このシュパーゲル、日本では缶詰で売られている白アスパラと比べたら倍ほども大きい。いかにも春の野の幸を思わせ、日本でいえばタケノコの感覚に近いかもしれない。白アスパラガスは、四月半ばから六月までドイツの野菜市場の主役である。

南ドイツのバイエルン地方はかつて王国だった。誇り高い民族の気質が今も色濃く残るところだ。一〇世紀、神聖ローマ帝国の時代にバイエルン大公国となり、神聖ローマ帝国の滅亡後、バイエルン王国となった。第一次世界大戦後にドイツ革命が起きて帝政が滅びるまで独立王国として特異な気風を保っていた。

スイス、オーストリア、チェコと国境を接し、ヨーロッパアルプスに近く、山紫水明の地にあり、かのノイシュヴァンシュタイン城主のルートヴィヒ二世や皇女エリザベートを生んだ国である。

バイエルンの州都はミュンヘン。ミュンヘンといえばビールの都である。世界から多くのビール党が憧れの地として訪れ、市内には数多くのビアホールがある。その多くは三〇〇人ほども収容できる大きなビアホールで、夜ごと、「ツム・ヴォール（乾杯）！」の声がかまびすしい。日本でもおなじみのレーヴェンブロイ、ホフブロイハウスなど大醸造会社の直営レストランもある。

ミュンヘンの中心地、マリエン広場に近いホフブロイハウスは、一度は行ってみたい歴史あるビアハウスだ。創業は一六世紀という老舗のビールメーカー直営店で、外観は古城のように重厚な三階建て、天井画の描かれた広い吹き抜けの一階のホールは中世の時代の雰囲気を残し、生バンドの演奏もある。収容は一〇〇〇人という恐ろしいまでの規模。秋の二週間続くオクトーバーフェストには世界中からビール党が押し寄せる。

地ビールは日本のように淡麗でキレなどなく、ガンガンに冷えてはいない。口中にしみ入る感じのほどよい冷たさで、コクがあり、ゆるやかに喉を潤してくれる。いかにも土地の匂いが伝わるようで、乾燥した空気によく合っている。もっとも高温多湿の日本で飲めば少し冷え加減がもの足らないかもしれない。

## ビールにはソーセージが似合う

ビールといえば、ソーセージがつまみと相場が決まっている。

ドイツにソーセージは五〇〇種あるといわれ、地方ごとに特色がある。牛や豚の切り落とし肉や内臓、舌、胃袋、腸などすべてを残さずに利用した産物で、ウィンナータイプや丸ハムタイプなど形もそれぞれ。大きさもニュールンベルガーヴルスト（日本のフランクフルトの大きさ）、チューリンガーヴルスト（大きくてボリュームがある）など土地土地によりサイズ、香辛料の入れ方などが異なっている。

ミュンヘンで試食したのは〝白いソーセージ〟。大ぶりでウィンナータイプの四、五倍はある。見た目に白いのも風変わりで、ジャガイモを混ぜているのか、と思ったら大間違い。豚肉と子牛肉にパセリなどの香草を入れたもので、作りたてをパッとゆでてその場で食べる。温かでつるりとした感触、香ばしさがたまらない。旬の春キャベツを入れる白ソーセージもある。

ビールをグイと飲《や》って、ソーセージをパクリと大胆に食べるのがミュンヘンスタイルだ。この白ソーセージ、新鮮さが売りで、どこへ行っても午前中しかメニューにはない。

のちに調べてみると、ミュンヘンではこの白ソーセージに関して一九七二年来、法令で規定しているというからまたまた驚きだった。子牛の肉は五一パーセント以上使うこと。肉以外の皮や筋は一〇パーセント以内とすること。脂肪は三〇パーセントを超えてはならないなどなど。たかがソーセージ、されどソーセージというのが、どうやらドイツ人のこだわりのようだ。

ついでに言うと、ドイツには日本でおなじみのジャーマンポテトはない。茹でたジャガイモとベーコン、タマネギを炒めた日本流のジャーマンポテトはビールの付け合わせの定番だと思っていたのだが、ドイツではこの材料に溶き卵を加えて炒めた、いわばオムレツを常食としている。

ドイツ人にとってのジャガイモは、日本人のコメと同じようなメインフードである。町の野菜市場では中央に置かれ、種類も豊富。食卓ではどんな料理にでも必ず添えて出される。一般的には揚げたジャガイモ（フライドポテト）が好まれるが、バイエルン地方にはクヌーデルと呼ばれるジャガイモ料理があり、ジャガイモを潰し、小麦粉と卵を加え、団子状にして茹でたもので、グレイビー・ソースをかけて食べる。肉料理と合わせるとおいしい。

最近、日本でもジャガイモの種類は増え、昔からの男爵、メイクイーンに加え、インカのめざめ、ひかる、ゆきつぶらなど新種が増えてきているが、ドイツのジャガイモの種類に比べたら日本は後進国。ドイツのジャガイモはおそらく数十種を下らないだろう。それぞれの産地により形、色、味が異なる。

もうひとつ、日本人におなじみなのはザウワークラフトだろう。キャベツの千切りに塩、香辛料を入れて樽で発酵させたもので、酢は使わない。もともとは各家庭で作る漬物だが食事の箸休めとしてソーセージとビールにはよくあう味だ。日本でいえば酒の合間に舌を浄める白菜漬のようなものだ。

さて、メインは豚肉料理。シュヴァイネハクセというすね肉のロースト、アイスバインという煮込み料理がお勧めだ。

シュヴァイネハクセは豚のすね肉を使い、塩や香辛料（ウイキョウの種やニンニク）を十分に擦り込み、骨や皮付きのまま、長時間生ビールをかけながらパリパリになるまで焼き上げるもの。肉はこんがりとキツネ色に焼き上がり、骨付きの丸ごとの肉で出されるから迫力満点だ。

一方、アイスバインは塩漬けしたすね肉をタマネギ、セロリとグローブなどの香辛料とともに数時間煮込んだもの。ザウワークラフトやジャガイモと供される。ビールのホップの香りが食欲をそそり、皆でわいわいがやがややりながら、大胆にむしゃぶりつくと、いかにも森の人、ゲルマンの古代人の息吹が伝わってくる。

**バイエルンの青い鱒**

ミュンヘンはジビエも名物で、獣肉（鹿、イノシシ）、野鳥などが、伝統的に人気がある。標高五〇〇メートルに位置するミュンヘンはその郊外に森と高原が広がっているからだ。スキーリゾートもいくつかあり、緑の高原に大小の川や湖が点在している。きれいな湖に住む鱒は淡水魚の女王ともいえる存在だが、山上の湖畔のレストランで食したのはなんと、「青鱒」だった。

白磁の大きな器に真っ青な鱒が浮かんでいる。

ウエイトレスにきけば、「鱒の青煮」と呼ばれる料理名で、鍋に入れた一尾の鱒をそのまま煮て、ワイン酢をかけると、かような色に変わるという。身は柔らかく、淡泊ながら滋養に富み、味はこのうえなく上品で、冷えた白ワインがあうのだが、なんともその姿と色が幻想的だ。まるで狂おしいノイシュヴァンシュタイン城の主《あるじ》の作った芸術作品とでもいうべき料理だった。

日本では、北海道に「あお鱒」がいて、カラフト鱒（セッパリ鱒）のことをいうようだが、それは鮭の類でこの鱒とは種が異なる。この地の鱒はブラウン鱒だ。ブラウン鱒はヨーロッパの渓流や湖沼に住み、褐色がかった茶黄色の胴に美しい水玉模様がある。シューベルトの有名な楽曲「鱒」はこのブラウン鱒をイメージしたといわれている。大きさは三〇センチメートルくらいが標準で、アメリカを代表するニジマスと比べると、華やかさや活発さはないが、川底にいて賢く、釣るのは難しいとされている。

## ホテルの朝食、ドイツのパンはおいしい！

ドイツ人の食といえばソーセージ、ジャガイモ、乳製品（チーズ）というイメージが浮かんでくる。いかにもカントリーサイドのお手軽料理のようで、ドイツはフランスやイタリアに比べると食味後進国扱いをされてしまう。

ところが実際にドイツを旅すると、食事はとてもおいしいのだ。ドイツ旅行の楽しみは朝食のパンである。ドイツのパンはヨーロッパでナンバーワンといっても過言ではない。

バイエルンの小さな町リンダウでのホテルの話をしよう。

リンダウは標高四〇〇メートルの山上湖、ボーデン湖畔にある中世の島の町だ。リンダウには堰堤を渡る鉄道に乗ってしか行けない。湖に突き出た島なので、交通手段は鉄道しかない。

一三世紀に神聖ローマ帝国のルドルフ一世により自由都市に認定されて以来、王侯貴族たちの避暑地として発展した。ボーデン湖はスイス、オーストリアとも国境を接しており、湖上に浮かぶ万年雪のアルプスの眺めが素晴らしい。

そのリンダウのとある小さなホテルの朝食が素晴らしかった。

朝食会場に出されたパンの種類は数えてみたらゆうに三〇を超えていた。てのひらに収まる小さなものからカボチャのように大きなものまでよりどりみどり。

ドイツのパンは、大型パンの「ブロート」と小さな丸パンタイプの「ブレートヒェン」とに大別される。

ブロートは小麦ベースのもの、大麦ベースにライ麦を混ぜたもの、それにそば粉やケシの実、ゴマ、ハーブを混ぜたもの、また胚芽入り、酢キャベツ入り、クルミ入り、タマネギ入りなど数知れない。ブレートヒェンはケシの実入りミルクパン、コテージチーズ入りロールパン、ゴマ入り、クミン入りなどこちらも数知れず。普通は大きなバスケットに山ほど並べて置いてある。

トーストは小麦粉だけの白パンが普通で、ホテルではナプキンに包んでテーブルに置いてある。自分好みの厚さにスライスしてトーストするのである。ライ麦系のパンは茶色でこちらは焼かず、バターやチーズをつけてそのまま味わう。少し酸味のある黒パンはハムやチーズをのせるとおいしい。

パンがおいしいといわれるフランスでも、ホテルの朝食はコンチネンタルスタイルが多く、出されるパンはバゲットかクロワッサンの二種類しかない。ところがドイツのブロートは四〇〇種、ブレートヒェンに至っては一二〇〇種あるというから、かなわない！　かなわない！

ドイツ旅行の朝は、パンをぜひともお楽しみあれ！

## 4　オリエント急行の不思議旅　▼ヴェニス〜ロンドン

### よみがえった〝青いプリマドンナ〟

V・S・O・Eとは？　高級ブランデーの銘柄と似ているので、間違えないでいただきたい。「Venice Simplon Orient Express（ベニス・シンプロン・オリエント・エクスプレス）」のことで、現在ヨーロッパ大陸を走る正統派「オリエント急行」の名称なのである。

現在、と言ったのには訳があり、歴史を繙くと、オリエント急行が最初に走ったのは、今から一四〇年前の一八八三年のことだった。ヨーロッパの鉄道王と呼ばれたジョルジュ・ナゲルマケールスがアメリカのプルマン寝台車の大陸横断特急の成功に刺激されてのことだった。

それまでの鉄道は馬車よりも速く便利ではあったが、窮屈で固定された座席で揺れるため、長距離を移動する乗客にとっては耐えられなかった。ベルギー人のナゲルマケールスはそうした苦痛を快楽へと転換させたいという発想のもとに、長距離列車に寝台車や食堂車を増結することを考案し、それが寝台車専門の鉄道事業会社、ワゴン・リ社（国際寝台車会社）をつくる契機となった。

一八八三年といえば、日本では明治一六年、新橋〜横浜間の「汽笛一声」から一〇年後くらいの頃で東海道線もまだ全通していない。日本では走る蒸気機関車を〝陸《おか》蒸気〟と呼び、画期的な機関車の登場に文明開化のシンボルと諸手で万歳、ひたすら感動していた時代なのである。

当時、花のパリでは産業革命が進み、都会ではすでに消費活動が盛んになり、いわゆるベルエポックの時代を迎えていた。エキゾチックな異国趣味が流行し、未知への憧れが旅を誘った。ワゴン・リ社は、その当時の東洋趣味ブームに乗じ、パリからトルコのイスタンブールへと豪華寝台急行オリエント・エクスプレスを走らせた。上流社会の紳士、淑女たちが、ダークスーツやロングドレスに着飾ってゴージャスな寝台列車旅行を楽しみ、オリエント急行は〝走る社交界〟と呼ばれるまでに至った。

アガサ・クリスティの『オリエント急行殺人事件』や、A・ヒッチコックの同名映画の舞台は、すべてこのワゴン・リ社の寝台車なのである。最盛期は一九二〇年代で路線は四〇を超え、通過国は一四ヵ国、総延長は一万キロメートルに達した。ワゴン・リの名は伝統とラグジュアリー（贅沢趣味）の代名詞ともなって一時代を築いた。

しかし、この豪華列車も時代の波には勝てなかった。古き良き時代の豪華旅行は第二次世界大戦までで、大戦中は武器、弾薬、兵士を運ぶ軍用列車となりさがり、戦後は航空機の発達やTEE（ヨーロッパ都市間特急）などに押され、一九五〇年代にはすっかり老朽化し、東欧からの〝出稼ぎ列車〟と変わり果ててしまった。一九七七年五月、パリ発イスタンブール行きを最終列車として、ワゴン・リ社は寝台列車の運営事業から撤退をやむなくされるのである。

〝青きプリマドンナ〟と呼ばれた寝台車の車体は四散したり、解体されたりしたが、その哀れな末路を救ったのがアメリカ人のジェームズ・シャーウッドだった。彼はシーコンテナ社（ドーヴァー海峡の海運業）の社長で、「オリエント急行は、アメリカ人にとっての郷愁である」と巨費を投じて、一九八二年にオリエント急行を復活させた。

ヨーロッパ人らが競売に投げ捨てた〝青きプリマドンナ〟にアメリカ人が改めて息を吹き込み、化粧を施し、現代の美女によみがえらせたのだ。これが「V・S・O・E」なるベニス・シンプロン・オリエント・エクスプレスである。

ベニス・シンプロン・オリエント急行は元祖オリエント急行とは路線を変え、ロンドンとヴェニスを結び、スイス（チューリヒ）、オーストリア（ブレンナー峠）を越える路線を使っている。こちらの路線の方が、車窓風景がいいからだ。

## 東洋趣味のクラシックな客室

ヴェニスからロンドンへ、オリエント急行に乗った。

料金は一泊二日（食事込み）で三五万円ほどだから、日本のJR九州の豪華列車「ななつ星」より安いかもしれない。いずれにしても清水の舞台から飛び降りる心境だが、一生に一度は乗っておきたい、という〝乗りテツ〟の思いからすれば致し方ない。

距離にすれば一七〇〇キロメートル、所要三〇時間、日本国内ならば東京から鹿児島まで特別仕立てのブルートレインに乗るような感覚だ。

さて、歴史を秘めた水の都、ヴェニスのサンタルチア駅――。

ホームには機関車を先頭に青い車体の寝台車が一一両、食堂車が三両、バーラウンジカーが一両、荷物専用車が二両という贅沢な一七両編成の列車がすでに待機していた。やはりさすが、である。ほとんどが一九世紀製の寝台車をそのままに改良したものだ。

ホーム中央にV・S・O・Eのサインのあるカウンターが出ており、制服を着た女性の笑顔に迎えられる。チェックインすると白い立襟の長袖シャツを来たポーターが荷物を運んでくれた。

個室に入る。リニューアルされた個室はクラシックな高級ホテルそのもので、ゆったりとしたゴブラン織りのソファ、樹木や鳥をデザインしたマホガニーの寄せ木細工の壁面、ドアノブは渋い光沢の真鍮製……その重厚な雰囲気はパリの五ツ星ホテルの感覚だ。アール・ヌーボーの東洋趣味は一九二〇年代のベルエポックの空気、肌ざわりを見事車内によみがえらせている。

サンタルチア駅を出ると、北イタリアの素朴な田園風景が続く。一面の小麦畑が波打っている。圧巻はオーストリア、スイスのアルプス越えで、クールからチューリヒまで。残雪の山々が夕日を浴びて浮かび上がり、村々に建つ教会の尖塔がおだやかな一日の終わりを告げていた。

## フレンチシェフのフルコース料理

いよいよ食事である。

まずはバーラウンジでのアペリティフを勧められる。ムーディな生ピアノの演奏を耳にしながらシャンパンをいただく。気分は次第にメロウな一九世紀末的憂愁を味わいつつ、ショーン・コネリーか、はたまたアンソニー・パーキンスを気取りたくなってしまうのだが（古いですね？）、短身、小太り、醜顔の東洋人のわが身を鑑みれば、そわそわと落ち着かない。

周りの客たちは蝶ネクタイ、タキシードできめたジェントルマン、ロングドレスを着て鍔広帽を被るレディたち、と郷愁のアメリカ映画の雰囲気をそのまま再現している。皆さん、ハリウッドのスター気取りだ。ちなみに列車内は正装が義務づけられており、紳士はタキシード、淑女はロングドレスが推奨されている。ジャケット、ネクタイでも許されるがジーンズは御法度だ。

ディナーは夕刻、インスブルックを通過する頃からはじまった。

前菜はドーヴァーソール（「ドーヴァーの靴底」の意味。日本では「舌ビラメ」と言われる）

のフィレ、ホワイトソースに新鮮なサラダが添えられている。続いてパンとパスタ。さらにメインディッシュは白桃ソースの鴨の胸肉のローストで、温野菜（アーティチョーク、サヤエンドウ、焼きジャガイモなど）がつく。食後にはお好みのチーズ、最後はデザート（チョコレートムース、バニラアイスクリーム）とコーヒーだった。

取り立ててさほど豪勢ではないが、シンプルな献立でコース料理としてはまずまずであった。シェフは腕利きのフランス人だという。ワインはアルザスのフレッシュな白、さらにボルドーの多少重い赤とウエイターが客席を回りながら注いでゆく。

ドーヴァーソールはヒラメの類では別格扱いされる高級魚で、北大西洋から北アフリカ、地中海の砂地や土質の比較的浅い海に生息している。イギリスのドーヴァーが名産地なのでその名がある。脂ののる初夏から九月辺りまでが旬だ。高級フレンチの定番メニューで、ここではフィレを切り取って笹かまぼこに似た形で揃えてあり、大皿に花が開くように盛り付けられている。身はほくほくしていてソースがおいしい。

鴨のローストは厚い胸肉を重ねている。全部で二〇〇グラムはあるだろうか、日本のレストランで出る薄くて小ぶりな鴨肉とは大違いだ。ヨーロッパの貴族が客をもてなす時の最高の料理は自分の領地で狩猟したジビエ（鹿、猪、野兎、雉など）だという。そういう意味で、鴨は高級ディナーの定番なのだ。旬は脂ののる冬だが、この列車では飼育した合鴨を使っているのだろう。ここは基本的には列車食堂である。やはり限られた材料しかキッチンへは持ち込めない。

食後のチーズというのもヨーロピアンスタイルだ。日本ではアペリティフを飲みながら、食前につまむのがフツーだが、欧州スタイルはコース料理のあと食後酒（ブランディなど）を楽しみながらチーズをつまむ。食前酒（シャンパン、カンパリソーダなど）、食中酒（赤白ワイン）、食後酒（ブランディ、ポートワインなど）ときっちり分けて飲むのもヨーロッパスタイルだった。

## まるで映画の舞台のような雰囲気

ここでは車窓風景が、なおのこと料理に味付けをしてくれる。

薄紫色に暮れなずむアルプスの山々、夕霧が立ち昇るチューリヒの湖――世界有数の素晴らしい車窓風景に、ひとり乾杯！　した。

乗客は中高年のカップルがほとんどでアメリカ人が多く、南アフリカ、ギリシャなど世界各国からお金持ちが集っている。淑女らはひとり旅の私に、「ひとりで寂しくない？」と声をかけてくれたり、「どこから来たの？」などと、盛んに気遣いをしてくれる。

一緒のテーブルとなったアメリカ人夫妻はニューヨークからやってきており、夫は気さくで飾り気のない好感をもてる紳士で、職業をきけば弁護士だった。

「この旅行はぼくが決めた。話のタネに一度乗りたかったんだよ。普段は人間関係が複雑にからむ仕事でストレスが溜るけど、今回はプライヴェート。二人だけで思いっきり楽しもうってわけさ」

白いイブニングドレスがお似合いの元ダンサーだったという夫人は、

「そう、わたしたち結婚一五周年なの。これはきっと神さまがくれた記念旅行ね」

と、年甲斐もなくはしゃぐような仕草が可愛い。

やはりアメリカから来たという二人組の女性は、

「わたしたちクラスメイトなの。生涯に一度、元気なうちに夫を置いて二人きりで旅行に出ようと計画していたの。それがこうして実現したのよ」と、いかにも満足げだ。

ディナータイムはたっぷりと二時間半。それぞれのテーブルで語らいがはじまっている。イタリア人のお金持ちそうな中年女性は、若きツバメを相手にシャンパンをふるまい、若きツバメの方は冗談をいいながら愉快そうに語らっている。イギリス人の中年カップルは食事中もの静かにささやきあうように話しており、どうやら子どもたちの将来について語り合っているようだ。

列車は国際舞台であった。

優美な内装と、礼儀正しきサービスと、美しい風景を見ながらの食事は、まあ映画の主人公とまではいかないまでも、やはり一時の夢、幻のようではある。

しかし、この列車を楽しむには、一、英語が堪能であること。二、パーティジョークが理解できること。三、タキシードが似合うこと。この三条件がどうやら必要なのだということが分かってきた（といってもムリですよ）。

この列車には、私のようにひとりで、鉄道が好きなためだけに乗っているような野暮な輩はいない。

いいアイデアが浮かんだ。もし次に経験する機会があれば、和服を着てこよう。和服ならば民族衣装のようなものだから、たとえ言葉が通じなくとも、着飾った役者たちの仲間入りができそうな気がした。

東洋（オリエント）に憧れた欧州人たちの〝階級列車〟に、東洋人の〝乗りテツ〟が郷愁を抱いて乗っている。

なにやら不思議な心境の列車旅行であった。

## 5　バカヤロウ！　と呼ばれるサカナありき　▼ポルトガル

ポルトガル人の心情を理解するには、「サウダーデ」という言葉がキーワードだとよくいわれる。サウダーデとは哀愁、ノスタルジー、そこはかとなく寂しい心情を表わす言葉だ。

### サウダーデという心情

かつての大航海時代、ポルトガルは七つの海に漕ぎだした。

しかし、今はその〝黄金時代〟の夢を忘れたかのように街や人々は沈黙している。働き盛りの男たちは海外へ出稼ぎに出ており、残されているのは老人と女たちばかりだ。家の前に椅子を置いて遠くを眺めやっている老人……。黒い喪服に包まれて、日傘をさして教会へ向かう老婆たち……。柔らかな陽射しに包まれて、時代に取り残されたサウダーデ（哀愁）の心境が人々の心のなかに封印されている。

ポルトガルは一七世紀、世界を凌駕した大国だった。ジョアン一世の子、エンリケ（ヘンリー航海王）は、大西洋の彼方に夢を馳せて、アフリカの西海岸の探検を指導、その影響下にディアスが喜望峰に達し、続いてバスコ・ダ・ガマがインド洋航路を発見した。大航海時代はポルトガルの世紀だった。以来、鉄砲と大砲を武器にアフリカ、アジアの国々を植民地化した。

日本との出会いも、その頃のことである。

一五四三年、種子島に漂着したポルトガル人が鉄砲を伝えた。当時、日本は戦国時代の真っただなか、各地の大名が文明の利器の入手に走った。西洋趣味の人だった織田信長が時を得たのも鉄砲のおかげである。

南蛮渡来の図絵は多く残っているが、紅毛の大男、黒人奴隷、巨大な象を見て、さぞや当時の日本人は肝を冷やしたことだろう。

やがて家康の時代となり、南蛮貿易はオランダに限られてしまうが、ポルトガル由来の言葉は現代の日本でも多く存在している。ボタン、カルタ、カッパ、コップ……、食味に関するものも多く、ビスケット、テンプラ、コロッケ、ボーロ、カステラなどなど。すっかり日本に馴染んでしまったものも多い。

ポルトガルはイベリア半島の西端に位置し、スペインの隣国だ。国の北半分はもともとレオン・カスティリア王国の一部だったから、スペイン人とポルトガル人の区別は難しく言葉も似ている。日本でいえば鹿児島県のような存在ではないか？　と私は思っている。

薩摩藩は日本の南のはずれだが、独立心が旺盛で、江戸時代でも幕府と互角に渡り合っている。幕府も薩摩藩には一目置いていた。明治新政府をつくったのも薩摩藩が中心だった。ポルトガル人が、最初に日本の土を踏んだところが薩摩国だったというのも、なんだか歴史の因縁を思わせる。

**コメとサカナが主食**

ポルトガルの旅の楽しみは食事である。

ほかのヨーロッパの国々と異なるのは、この国の人々の多くがサカナ好きで、米を日常的に食べていることだ。ポルトガルではどんな小さな田舎町のレストランに入っても「ごはん（ライス）」がある。

メイン料理を頼むと、「パンにするか、ライスにするか」を尋ねられるのは、日本と同じ。ライスは普通に炊飯した白米もあれば、リゾットのような一種の西洋おじやも一般的だ。

大西洋に接する国だから魚介類は豊富で、タコ、イカ、アジ、マグロ、タチウオ、カツオ、貝類など魚種は日本とさして変わらない。リスボンの古い街区、アルファマなどを歩くと路地裏でサルディーニャ（イワシ）を焼く匂いが漂ってくる。

大西洋に面したリゾート地、ナザレは赤い屋根瓦と白壁の民家が白浜の海岸に連なる絵のように美しい町だ。その名は四世紀にパレスチナのナザレから聖職者がマリア像をもってきたことに由来している。

この町の名物は魚の干物。カラパウ（アジ）を開いて干したもので、屋台で並べて売っている光景は、日本の伊豆などとまったく変わらない。おいしいイワシやアジが異国で食べられる、ときくだけで何だか気がそわそわしてくるではないか。やはり日本人なのだ。

海外でのサカナは大きく分けると、タラとサケの二つの文化となる。

太平洋側のカナダ、アメリカはサケが主役だ。ビーフステーキと並んでサーモンステーキはほとんどのレストランの定番メニューだ。脂肪ののったキングサーモン、ほどよい脂肪のシルバーサーモン（銀鮭）、さっぱりとしたレッドサーモン（紅鮭）と、アキアジ（白鮭）一辺倒の日本と違い、北米では種類ごとに料理法も分かれている。レストランのメニューにも、必ずサケの種目が具体的に明記されているのが興味深い。それほどサケにはこだわりがある。

一方、タラ（コッド）はヨーロッパ（イギリスを含む）では一般的な食品で、レストランではは小麦粉をまぶし、バターで焼いたムニエルにして供されることが多いが、日干しにして保存食にする国もある。

ヨーロッパの市場を歩くと、大きなタラの日干しがぶら下がっている光景が見られる。日本の「棒ダラ」と同じで長い棒のように固まっており、「昔は親父にこれで背中をぶたれたものだ」と、酒場で知り合ったポルトガル人が話してくれたのを思い出す。

タラの漁場は北大西洋北部で、かつて「タラ戦争」があったことは前述した。

ポルトガルの国民的家庭食は「バカリャウ・ア・ブラース」と呼ばれる日干しタラ（バカリャウ）の料理だ。これは北海でとれたタラを日干しにし、水でもどして塩をぬき、タマネギ、ジャガイモのフライを一緒に炒め、卵でつないだものでオリーブを添えていただく。いつでも、どこでも手軽にできる家庭の味で、シンプルで見栄えもよくタラの身がほくほくとしておいしい。

レストランでは客が給仕に「バカヤロウ！」と怒鳴っているようで、何事かと驚くが、実はタラ料理を注文しているのである。バカリャウが現地発音では「バカヤロウ！」に近いので、失敗覚悟で一度試してみてはいかがだろうか？

日本人にとってさらに嬉しいのは、イカやタコが生でシーフードサラダに使われることだ。イギリス人など生でイカやタコを食べるときくとぞっとするだろうが、ここポルトガルでは常食である。また「アロース・デュ・マリスコ」といわれるシーフード料理は、いわばポルトガル風の海鮮雑炊である。新鮮なエビや刺身と一緒に盛られた〝おじや〟は日本ならば仕上げの鯛茶漬けにも似た感覚だ。

実は、天ぷらもポルトガルの大航海時代の置きみやげだ。日本のお座敷天ぷらとは少し異なるが、魚介類の揚げ物で、九州のオビ天と似ており、どこでも気軽に賞味できる。

## アレンテージョの田舎へ

ポルトガルの旅の真髄は田舎にある。

リスボンから近いアレンテージョ地方がとりわけお勧めだ。アレンテージョとは、リスボンを流れるテージョ川の「川向こう」という意味で、まださほど日本人観光客には知られておらず、ここには古いヨーロッパの残香が漂っている。なかでも中世都市、エヴォラがお薦めだ。

エヴォラは中世をそのままに残す城塞都市で、生きた博物館のような街である。石畳の狭い道、時が止まったような空気の重さ、緩慢な人間たちの動き……城塞に住む人は麓の果樹園や羊の放牧をして暮らしているというから、そこには中世と変わらぬ生活のリズムが流れている。

一歩街を出ると、ミモザの森やエニシダの乱れ咲く丘陵、アザミ、野菊の色鮮やかな野辺の道、日だまりに寄り添う家々の白壁が目にしみる。まるでここは中世の神々の楽園ではないか。ポルトガル人たちはこの天上の楽園をこの地上に再現したかったのだろうか？と思うばかりだ。

ここでめぐりあったのが豚肉料理だった。

豚肉はローマ時代からヨーロッパ人の好物だった。今の日本では戦後アメリカの影響か、肉といえば牛の方が高級で好まれているようだが、もともとヨーロッパでは肉といえば豚肉だった。とくに森の人ゲルマン人は昔から豚を飼育しており豚と鶏が常食だった。

豚はイノシシを食用のために家畜化したものだが、その起源はよく分からない。一説によれば紀元前四〇〇〇年にイギリスで家畜化され、それがインド、東南アジアに広まったともいわれる。また中国起源説やメソポタミア説もあるが、豚は雑食で飼いやすく、牛のように放牧地や世話がいらないので容易《たやす》い食用家畜として古代から普及していた。

エヴォラ郊外のとあるレストランで食べた豚肉料理は壮絶なほどおいしかった。

一頭の豚をそのままおろし、肩ロース肉を切り取り、分けた肉を塊のままローストしたものが出される。店の奥に巨大なオーブンがあり、そこで大きな塊を次々に焼いている。ほどよく焦げ目ができて出されたのは四キログラムくらいの塊だった。給仕はその塊を目の前で切り分けてくれ、一人前五〇〇グラムくらいもあるだろうか！　一人ではとても食べきれない巨大な大きさだったが、しかし、勇気をもって挑むと、その柔らかな肉、ほとばしる肉汁、なんとも言えない香ばしさ、パリッとした皮の味、とても日本では食べられない食感覚で、本当においしい肉は牛よりも豚だ、とその時確信したものだった。

この美味は歴史だと思った。豚を食べ続けた歴史がなければ、これほどまでにおいしい肉を作ることはできないだろう。肉は塊で食べるものなのだ。日本の肉屋のガラスケースに並ぶ薄切りではとうていこの肉の深い味わいは体験できない。

ポルトガルの豚肉料理はバラエティに富み、内臓やすね肉、豚足、耳などほとんどの部位を使うのも豚の身をよく知っているからだと思う。

代表的な料理は「コジード・ア・ポルトゲーザ」で、豚肉、ジャガイモ、ニンジンのごった煮といったもの。ほかに「トリパス・ア・モダ・ド・ポルト」（モツ煮込み料理）や「カネル・デ・ポルコ・ア・アレンテジャーナ」などもよく知られる郷土料理だ。これは豚肉とアサリを使うという珍しい料理である。パプリカのペーストで味付けした一口サイズの豚肉をアサリと一緒に炒め、揚げたジャガイモと合わせるもので、「え！、アサリと豚肉？」と驚く人もいるに違いないが、これが赤ワインにも合い、素晴らしくおいしい。

食後のデザートは「ポン・デ・ロー」なるスポンジケーキ。これは日本のカステラの元祖ともいうべきもので、卵がたっぷり入り、柔らかくもジューシーで、懐かしい味のなかに南蛮渡来の遠い異国の趣があるのだった。

## マデイラワインの故郷へ

マデイラ諸島へ行った。

マデイラと言ってもご存知の方は多くはあるまい。国籍はポルトガル、首都リスボンから南へ九四五キロメートル、大西洋の洋上、モロッコの西に浮かぶ島々だ。

一四一八年、ギニアに向かうポルトガル船が嵐のなかで遭難しそうになった。船員たちが陸地にたどり着き、危機をまぬがれたのがこの島だった。以来インド航路に旅立つ船が寄港する重要な港となって発展した。太陽がいっぱいの北アフリカ型気候と標高一八〇〇メートルの高原の澄んだ空気が気に入って、その後イギリス人たちが移住した。港を見下ろす丘陵にはブドウ畑のなかに白壁とオレンジ屋根の気品のある邸宅が並び建つ。そんな優雅な島の風情はいかにも北アフリカのリゾート地にふさわしい。

「葡萄牙」という漢字名の国をご存知だろうか?

ポルトガルである。ポルトガル、とりわけマデイラはワインの特産地だ。マデイラワインの名で知る人の方が多いかもしれない。島の急斜面には小さなブドウ畑が張りつくように巡らされている。農家は秋に収穫し、ブドウを港の酒商に運び込む。実を搾るのは子供たちで、その平たい足裏が均等にブドウをつぶすのに適しているといわれている。

その昔、商船がワイン樽を積み込み、香辛料と取引するためインドへと向かった。不幸にも商談は成立せず、仕方なく商船は樽をそのまま持ち帰った。しかし、その航海途中で熱帯地方の高温と船の振動のため樽中のワインは熟成し、それを飲んだら意外や意外！特別上質な風味とこくのある酒ができあがっていたというワケである。熟成期間が長かったことに加え、高温と振動が発酵をさらに促したのだ。ゆえに当初はインドワインと呼ばれていたようだ。

マデイラワインはポートワインと並び、ポルトガルが世界に誇る高級ワインである。ポートワインと同様、フォーティファイド（酒精強化）ワインで、ブドウ汁が発酵し、アルコールに変わる過程で、ブランディを混合させ、発酵を止め、糖度を強化したものだ。アルコール度数は一八～二一度と高く、ヨーロッパでは最高の食後酒として楽しまれている。

酒商を訪ねた。

小さな酒蔵は一六世紀のフランシスコ修道院の建物の跡を使い、ひんやりとした空気のなかで、醸造現場は歴史遺産建造物の指定をしてもいいような格式があった。一口飲むと、濃く甘いワインの美味が舌先に沁み入り、大航海時代の夢が口中に広がるようだった。

島なので港のサカナ市場も見たくなった。

フンシャル港のサカナ市場は圧巻だった。数尾の巨大なマグロがまな板の上に置かれ、男たちは山賊刀のような太刀で、そのまま輪切りにして並べて売っている。ここではトロも赤身も区別はない。

「地元では赤身の方が人気だが、実はトロの方がずっとうまい」と、赤銅色の顔をした漁師がニタリと笑う。やはり漁師は味が分かっているのだ。

隣のカナリア諸島では、日本人のためにマグロを海洋養殖しているが、ここでは島民が食べるだけ。大トロの二キログラムほどあるカタマリが輪切りで格安だ。北アフリカの離れ島で、大盛のマグロ丼が食べたくなったが、ここには残念ながらわさびも醤油もない。

極上の〝お宝〟を目の前にしてト、ホ、ホ、ホ……。涙（涎？）をこらえて、諦めるしかないのであった。

## 6 アジアとヨーロッパ、渾融の血 ▼ハンガリー

### 抑圧された戦いの歴史

ハンガリー人はゲルマンやケルトのヨーロッパ民族ではなくアジア系の民族である。そのルーツを辿ると、一三世紀、長いフン族の支配の後に西シベリア（ウラル山脈中南部）からやってきたモンゴロイド系のマジャール人となる。

遊牧民族というと、われわれ日本人にはあまりなじみがなく少数民族のように思ってしまうが、実は遊牧民族はユーラシア大陸、中近東、アフリカ大陸に至る地球規模の大世界で暮らしている。

モンゴル、チベット、ウイグル、スラブ、チュルク（トルコ）、アラビア、ベルベル（北アフリカ）など、そのルーツを遊牧民族としている国々は多く、かの聖書のキリストやモーゼも中近東のユダヤ系遊牧民族だった。

牛や羊を飼い草を求めて季節とともに移動し、家畜からとれる肉や乳製品を食糧とし放牧生活を続けている。なかには通商に優れた民族もいて、ラクダの隊商を連ね砂漠を渡り歩く人々もいる。いわゆるアラビア商人だ。

中央アジアの草原地帯ではタタール、コサックが有名だが、マジャール人もその仲間だった。今はドナウ川を越えて東欧に暮らし、白人系と混血して多くはコーカソイド化している。

ウクライナももとはスラブ系のコサックの土地だった。映画『隊長ブーリバ』（一九六二年、J・リー・トンプソン監督、原作＝ニコライ・ゴーゴリ）では、ユル・ブリンナーがザポロジェ・コサックの首長を演じ、当時はポーランドが支配していたウクライナを奪還するという史実に基づいた物語だ。

ハンガリーといえば一九五六年のハンガリー動乱を思い浮かべる人もいるだろう。民主化を望む大衆の蜂起に対して、当時のソ連が武装介入して圧力で制し、その後ソ連の衛星国とした。当時はフルシチョフの時代だったが、今回のウクライナ戦争をしのばせる。時代は変われど、ロシアの膨張拡大政策は変わっていない。

一九八九年の東欧革命も忘れられない。ベルリンの壁の崩壊前後に、ソ連配下の東欧諸国で反政府運動が巻き起こった。それまでの共産党の一党独裁支配に対し、市民、労働者が反旗を翻し、ソ連邦の圧力と戦った。東欧を揺さぶった一連の民主化運動はついにはソヴィエト連邦を崩壊まで追いやった。

ハンガリーもこの時、それまでの共産党独裁政府を倒し民主化に成功した。自由の強い風が吹いたのだ。

## 自由な風が吹くブダペストの街

ハンガリーの首都はブダペストである。

〝ドナウの女王〟、〝ドナウの真珠〟と呼ばれ、この街には古き良き東ヨーロッパの文化の香りとアジアの混沌が入り混じっている。ドナウ川を挟んで、中世のローマ帝国の面影を色濃く残すブダ、一方、アジア的な活気溢れる商人の街、ペスト。ブダペストはこの二つの街が一つとなったという不思議な街だ。

ブダはローマ帝国が辺境の守りを固めるために築いた城下町、ペストは十字軍の行き交いで賑わった商都。日本でいえば京都と大阪が二都を結ぶ橋の完成により合体してできたというところだろう。

人口は二〇〇万人、東欧第一の都市。ついでにいっておくと、地下鉄がヨーロッパ大陸ではじめて走ったのは、パリでも、ウィーンでも、ベルリンでもない。実はここブダペストが最初なのである。

一八九六年、市の中心、ヴルシュマルティ広場からメキシコ通りにいたる延べ四キロメートルの路線が開通した。トロリーポールつきの単一車両が地下を走った。世界初のロンドンより遅れること三三年、アメリカよりも二年早く、ヨーロッパ大陸初の地下鉄が走ったのである。

そうした進取の精神に富んでいるのか、ブダペストは東欧のなかでも早くから西側を向いており、街には自由の風が吹いていていた。

ペストの街にはパブやディスコがおよそ一〇〇軒。その中心街、ヴァーツィ通りにはお洒落なカフェ、ヨーロッパのブランドショップ、マクドナルドのハンバーガーショップなどがあり、どこか東京の原宿あたりを歩いているような気分になる。朝四時までオープンしている飲食店も数多く、深夜は六本木並みの賑わいだ。これが東欧革命の前から続いていたというのだから驚いてしまう。

さて、旅人はそんな自由の風に吹かれて、ドナウ河岸の散歩とシャレこもうか。

## 美しいドナウの散歩道

ドナウにかかる美しい橋は八つ。その一つ、「くさり橋」のたもとに立つ。

くさり橋は最も美しい橋といわれ、欄干には二頭のライオンが睨みをきかせている。古風な凱旋門風の橋梁が美しく、いかにも古都の優雅さをしのばせる風景だ。その下を流れるドナウ川は、実は有名な曲のように、決して〝青く〟はないのだが、しかし、ゆったりとさざ波を立て、おおらかに流れている風景に嘘はない。

ケーブルカーに乗ってブダの王宮の丘へゆく。ここからのドナウ川の岸辺の眺めは、ペストの街を見下ろし壮麗である。

現在、王宮（ブダ城）は歴史博物館となっており、ハンガリーの代表的な芸術家たちのアートを集めたナショナルギャラリーや図書館がある。周辺はブダの観光のメッカともいえるところで、カフェやレストラン、粋な民芸品店が並び、かたわらを中世そのままに二頭立ての観光馬車がすりぬける。東欧というヨーロッパの田舎にいながら、旅人はここで初めてリラックスした、贅沢な、洗練された都会の雰囲気を味わうのかもしれない。似顔絵書きたちが観光客に、明るい笑顔を振り撒き、アマチュアの楽団がクラシック音楽をさりげなく奏でている。

目の前にそそり立つ、高い尖塔を持つ教会がマーチャーシュ教会で、創立は一三世紀。古い歴史を秘めたネオ・ゴシック様式の美しい建物だ。その下では手回しオルガン師が郷愁のジプシー音楽を奏で、ふと中世に迷いこんだかのような錯覚すら覚える。

その隣にあるのが、漁夫の砦。ネオ・ロマネスク様式の要塞で、その名は一九世紀のこと、市民が街の自衛に当たっていたとき、王宮のあるドナウ左岸を漁夫たちが守ったことに由来している。

長い回廊でつながるこの砦は、恋人たちの絶好のプロムナードだ。ここからのドナウの眺めは、西日の当たる夕刻から街に灯の点る薄暮が一番だ、といわれる。優しい川風に頬を撫でられながら、いつまでも語り合いたくなる東欧ならではの旅情である。

## 湯の街・ブダペストに遊ぶ

ハンガリー人の名の呼び方も日本人と同じで、名字が先で、名前が後。おまけに、温泉大好きとなれば、よけいにアジア民族の血は通ってしまう。

ブダペストは湯の街でもある。市内に温泉は一〇〇ヵ所といわれ、毎日七〇〇〇万リットルものお湯がこの街に湧いている。

ゲレルト温泉へ行った。

ドナウ川にかかるエリザベート橋のたもと、ペストの街を見下ろすゲレルトの丘の麓にある。ローマの遺跡か、と思えるような巨大な、石造りの多層建ての建造物で、クラシックホテルとなっている。宿泊せずとも入浴は可能で、温泉への入り口はホテルの脇にあった。

入ってビックリしたのは、その荘厳な温泉のたたずまいだ。吹き抜けの高い天井、中世を思わせる石造りの壁――。ここで入浴客は、ゆっくりとひたすら湯に浸かりリラックスする。

温泉というよりも、クラシックな五ツ星ホテルの温水プールを想像していただきたい。ここで不覚にも日本の温泉と勘違いし、水着を持って来なかった私は、ただただでっぷりと太った中年婦人たちの華麗なる水着姿をたっぷりと拝見するのみに終わってしまった。

　次に訪れたのは、ブダペストでナンバーワンと折り紙つきのシェチェーニ温泉。こちらはペスト市内の中心地にあり、なんと動物園の隣にあった。こちらも威風堂々、ビザンチン様式の大建築だ。その威厳に満ちた重厚な建造物は一見すれば鉄道の中央駅、あるいは歴史博物館といった佇まいで、これが温泉などとはとても想像できない。入ってみるとなかは堂々たる野外温泉で、観覧席などがあり、水泳競技大会でもできそうなスケールなのだ。ここでは用意して来た水着をきて、ザブーン！　と浸かる。

　気がついてみれば、泳いでいるのは私だけで、皆さんはただ浸っているだけなのだ。なかにはチェスに興じるおじさんたちのグループもある。ヨーロッパ最大規模の温泉だが、日本でいえば上野動物園の隣に箱根小涌園の大露天風呂があるといった風情だ。

　青空のもと、湯煙こそ立たないが、ぬるいお湯につかりながら、のんびりと身をほぐす。温泉といえども、体を洗うわけでもなく、シャンプーをするのでもなく、日本人にはとても間が持たない。しかもぬる湯なので、一度入ったら寒くてなかなか出るわけにもいかない。こんな事なら、文庫本か、缶ビールでも持ってくるべきだと反省した。だから市民のみなさんはチェスなどを持ち込んで、プレイしたり、横から観戦したりしながら、長湯を楽しんでおられるのだろう。でも、本当に効能はあるのかしらん？

一方、中世と変わらぬ〝トルコ風呂〟がある、と聞いて、駆けつけたのがルーダッシュ温泉だ。こちらは、下町の銭湯という感じで、たちまち心は和んでしまった。丸いドーム天井の建物を入り、入浴料を払うと、渡されたのはなんと白布のフンドシ！

これ、〝コテーニ〟と呼ぶんだそうで、くるりと腰に巻いて、前隠しの役を果たすから、水着やタオルはここでは要らない。

大浴場はほの暗く、天井の明かり取りから、自然光がミステリアスに湯船に届く。泉温は四四度。日本のお風呂よりかなり熱いが慣れると、

「うーん、なかなかいいお湯だ」

温泉はやはりこうでなくっちゃ！　と、ご機嫌になった。

まわりには、泉温の低い湯船が四つある。

ハンガリー式入浴方法に従えば、湯船にはそれぞれ七分ずつ。ぬるま湯から徐々に熱湯へとハシゴする。その後、スチームバス（蒸気湯）で汗を流し、サウナバスへと進み、最後は強烈なマッサージを受けてトドメを刺される。

入浴はたっぷりと二時間、というのがハンガリーの湯客の入浴スタイルなのだ。温泉をはしごしたおかげで、期待のブダペストの夜は、湯当たりでダウン。ひとり寂しくベッドのなかで、特上のトカイワインと、とびきり美味しいグヤーシュの夢を見たのであった。

## グヤーシュとトカイワインのご馳走

さてさて、本命の料理である。

前述したが、ハンガリー人はもともと遊牧民のマジャール人だ。

ハンガリー料理の根底にはそうした遊牧の血が流れ、食材は肉類（豚、羊、牛）、乳製品、蜂蜜などが多い。マンガリッツァ豚、灰色牛などのブランド肉も生んでいる。

ハンガリーはローマ帝国、オスマン帝国、さらにはハプスブルグ家の勢力下にあったことからさまざまな文化が交わり、豊かな食文化が成立した。アメリカのレストランやリゾートでハンガリー出身のコックが尊重されるのは、そうした東西の文化を巧みに取り入れ、調理できる能力と技術があるからだろう。

コース料理では、まず前菜は肉類でテーリサラミ、ハム、ソーセージ、レバーパテ、ベーコン、牛タンなどが丸パンとともに出される。いかにも遊牧民の伝統食材だ。レバーパテはもっともポピュラーな前菜で、パンにつけて食べる。テーリサラミ（冬サラミ）はロースハムほどの大きさがあり、切って食べると脂身、肉汁が豊富で栄養満点食といったところ。香辛料で風味をつけた肉を冷燻して乾燥させ、白カビが表面を覆うくらいに熟成させる。最近では日本のスーパーでも見かけることもあるが、大きさ、味は本場のものとは比べようがない。

次にグヤーシュがスープ代わりに出され、サラダとともに供される。

グヤーシュは、ハンガリー料理として一番ポピュラーな料理だ。一般家庭から大学の食堂、高級レストランなどどこへ行っても食べられる国民食で、お昼の定番（ちなみにハンガリーではランチがもっとも重要視される）でもあり、ライスを添えると日本のスープカレーのような感覚になる。

もともと遊牧民の野外料理で、鉄鍋を使って肉や野菜類を煮込んだものだ。大量のパプリカを使うから、スープは真っ赤な色でエキゾチックだ。一口すくうと温かくて、パプリカの香りが食欲をそそり、肉、野菜（タマネギ、ジャガイモなど）などがゴロゴロしておりボリューム感もある。肉は牛肉、羊肉と混在している。ハンガリーでは一つの料理に異なる肉種をまぜることは伝統的な料理法だ。

グヤーシュは肉料理だが、それをサカナに代えるとハラースレーというサカナのスープ料理になる。海のないハンガリーではサカナは淡水魚。鯉、ナマズ、鮒など市場を覗くと淡水魚が山積みにされている。地方によってハラースレーに使うサカナは異なるが、日本にはいないノーザンパイク（川カマス）が一番のお勧めだ。

ハラースレーは漁師のスープとも呼ばれ、こちらもパプリカが決め手。胡椒、バジリコなどの香辛料も利いており、スパイシーで辛味があり、一度食べるとやみつきになりそうだ。

メインディッシュには豚を選ぼう。マンガリッツァ豚が知られ、政府が〝食べられる国宝〟と認定している。ほどよくローストした身は赤身で脂は霜降り状、味はやわらかでじわっと肉汁がしたたり落ちる。マンガリッツァ豚は多毛種で見た目は羊のようで、ハンガリーの森や平原で育ち、どんぐり、カボチャ、トウモロコシなど自然食を食べさせて育成している。

まだ足らないという方には、フォアグラがお勧めである。ちなみにハンガリーは世界一の生産量を誇っており、国産のトカイワインにはぴったりと合う。

トカイワインは、大平原のトカイ地方のブドウ畑で作られる貴腐の白ワインで、かの食通のルイ一四世の舌をうならせ〝王様のワイン〟と言わしめたことで有名だ。食中でも食後のデザートワインとしてもいい。広大なハンガリー平原の大地のエキスをしみじみといただこう。

# 7　シベリアの恵み、バイカルの幸　▼シベリア

## 日本人ゆかりの町、イルクーツク

イルクーツクの町はいつ来ても心安らぐ。

この町は、世の激動にはさして関せず、のようだ。町を流れるアンガラ川、シベリア風の木造民家、アカシアの街路樹、ロシア正教会の建物など町全体がしっとりしており、昔日の郷愁を感じたりする。

この地にロシア総督府が置かれたのは一七世紀のことだが、それ以前から中国やモンゴルとの通商が行われ交易の要衝だった。シベリアからはキツネやテンの獣皮を、中国からは茶や絹がこの町にもたらされた。ロシアでありながらこの町にはアジアの風が吹いている。

カール・マルクス通りの露店市場へ行った。

五〇軒くらいの露店が広場に並んでいる。スイカ、ザクロ、メロン、ブドウが野積みになっている。これらは南の中央アジアから運ばれてくる。露天商らの顔ぶれはグルジア人、

ウズベク人だ。彼らは三〇〇〇キロメートルの道のりを、トラックを飛ばしてやってくる。朝鮮の女たちがキムチを売る姿もあり、オリエンタルバザールの伝統は今もしっかりとこの地に根づいている。

屋根付の公設市場も併設されており、こちらでは肉や花が売られていた。赤銅色に日焼けしたイスラム帽をかぶった男が、羊の大きな肉塊を、斧を振り上げて切り落とすさまなど日本の女性が見たら気絶しそうな情景だ。ここでは肉はキロ単位でしか売らない。一〇〇グラム単位で財布と相談しながら物色するわが身の慎ましさを思い浮かべ、ひとり自嘲する。

イルクーツクは日本人には馴染みの深い町である。カムチャッカ沖まで漂流した伊勢の船頭、大黒屋光太夫らがこの町へ入ったのは天明九（一七八九）年のこと。光太夫はこの町に二年滞在し、日本語学校で教鞭をとりつつ皇帝へ帰国嘆願書を送り続けた。箱館戦争で敗れたが、のちに明治政府の官僚となり、ロシア大使となった榎本武揚も退官後、イルクーツクからシベリア経由で帰国した。

## 栄養たっぷりのシベリア料理

イルクーツクにシベリア料理専門店というものはない。

みなロシア料理レストランだが、シベリアらしいメニューはおいている。

まずは前菜のザクースカ。前菜は種類が多く、ウォッカを飲みながら楽しむのが常道だ。イクラ、キャビア、スモークサーモン、生サラミ、チョウザメの燻製、ニシンの酢漬けなどなど。いずれも黒パンの上にのせ、カナッペ風にして食べる。野菜もキュウリのピクルス、キャベツの酢漬けなど盛り沢山だ。

シベリア料理で代表的なものは、ペレメニ（シベリア餃子）だろうか。やや厚めの皮で包まれ、なかには豚肉、タマネギのみじん切りなどが入っている。いわば大ぶりな水餃子で、シベリアの家庭では客を迎える時やクリスマスなどちょっとしたときのご馳走だ。

ボルシチは、もとはウクライナの郷土食だったが、今はロシア全土で食べられる。シベリアでも前菜の後に必ず出されるのがこのスープだ。

ビーツ（西洋赤蕪）を必ず入れるのが特徴で、スープの色は鮮やかな深紅色。牛の切り落とし肉、ジャガイモ、ニンジン、キャベツ、タマネギなどを入れて煮込んだ温かいスープで、サワークリームをのせる。赤ワインが一層おいしくなる逸品だ。

ガルショークと呼ばれる壺焼き料理は、これもトルコなどでもあるが、寒いシベリアではとりわけ好まれる逸品だ。壺状の深めの陶器にきのこ、肉、ジャガイモ、タマネギなどを入れ、牛乳を混ぜてシチューとし、陶器の上からパイ生地で密封し、オーブンで蒸し焼きにする。ペチカのそばで暖まりながら食べると、体中が火照ってくる。焼けたパイ生地にシチューをつけて食べると、なおおいしい。

ほかのメインコースには、中央アジアが本場のシャシリクがある。これは羊肉の串焼きでタマネギを間に入れて炙って食べる豪快な遊牧民料理だ。

一方、牛肉ではビーフストロガノフが知られる。牛のほほ肉の細切りとマッシュルームをサワークリームの入ったソースで煮込んだもので家庭でも手軽に作れる。一九世紀のロシアの豪商で伯爵だったストロガノフ家の晩餐会で、急に客が増えたためフランス人のコック長が機転を利かせ、ステーキ用の肉を細く切って、煮込んで間に合わせたという伝説が残っている。

いずれの料理も栄養価が高く、寒いシベリアでの体力保全にはうってつけのロシア料理だ。ロシア人の男は食中でも四〇度、五〇度のウォッカをストレートで飲み続けるから、お付き合いするのはほどほどにして、早めにワインに切り替えないとコシが抜けることもあるからご注意を！

## バイカル湖畔で巨万の夢を見る

バイカル湖へ行く。

バイカル湖はイルクーツクから七〇キロメートル、タイガの森を抜けるバイカル街道をクルマで行くと一時間半ほどで湖畔に着く。

湖というよりは、これはもう海である。

その面積三万一五〇〇平方キロメートル、という途方もない広さで、日本の琵琶湖の五〇倍といわれても実感は湧かないが、ベルギーとオランダがすっぽり入るというとなんだか大きさが分かるような気になる。水量は二万三〇〇〇立方キロリットル、世界中の人々が毎日三〇リットルの水を使っても四〇年間はもつといわれる。

透明度は四〇メートル、もちろん世界一だ。

固有のバイカルアザラシが七万頭生息し、一〇〇キログラムを超えるチョウザメが群をなし、海綿が育ち、波の高さは冬には一八メートルにも達するとすれば、ここが海でなくて何だろう。周囲は三〇〇〇メートル級の高山が取り囲むというが、広大な湖面には霧が流れ、とても対岸の山々まで望めない。

湖畔には博物館があり、湖固有の動植物、鉱物などを展示している。

チョウザメの剝製をじっくり観察したが、なにかに似ていると思ったら、北海道の「八角」というサカナが思い浮かんできた。八角はチョウザメのミニチュアではないか。大きさは違っていても姿、形はそっくりなのだ。八角は本州ではあまり見ないが、北海道の居酒屋では高級魚で、刺身でも焼いてもおいしい。チョウザメの古代魚のなごりを留める鎧のような体表はやはり八角形、ナマズの親分のようなヒゲも縮小すれば、あの八角とよく似ている。

チョウザメはもともと海水魚だった。それが陸封されて淡水で生きるようになったのだが、ひょっとして八角もチョウザメの一種ではないか？　ならば淡水でも生きられるはずだし、八角を支笏湖あたりで養殖して卵をとればキャビアとして一儲けできるのではないか、日ロ友好（ウクライナ戦争の後ではなかなか難しいが）の話題にもなるのではないか

——などと妄想が湧く。

というのも、案内人によればバイカルの黒テンは最高級でモスクワでは数千ドルで売れるとのこと。二〇万ドルもする黒テンの毛皮コートをもつのは世界で三人だけで、女性宇宙飛行士のテレシコワ、ジャックリーン・ケネディ、エリザベス・テイラーだけだ、などと一攫千金の話ばかりをするからである。

ともかく、ここでは広大な土地に天然資源が無尽蔵に埋もれている。雄大な風景に見とれていると、誰しもが巨万の夢をふくらませてみたくなるものだ。

## 湖畔の小さな村に日本人墓地があった

バイカル湖の湖畔に、リストビヤンカという小さな村がある。端から端まであるいても三〇分ばかりの小さな村だ。

三〇年前にも来たことがあり、農家でご馳走になったことを思い出していた。その時はうらびれた寂しい寒村だった。しかし、今はすっかり観光化し、プチホテルやペンションが建ちリゾート村のようになっていた。以前来たのは、ゴルバチョフのペレストロイカの時で、まだまだロシアは貧しかった。

村を流れる川では、洗濯する農婦の姿があり、村の共同井戸では農婦らが水を汲み、井戸端会議のさなかだった。日本人は珍客で、興味を抱かれ、

「ニッポンからはるばる来たのかね、お茶でもどうだい」

と、ある老婆の家庭に招かれた。

老婆の名はニーナ・イグナチブナといった。すでにない夫は村の造船技師で四〇年間勤めあげた人だという。木造家屋の清潔な部屋ではペチカが燃え、主人の代理のように大きな犬が座り込んでいた。

冬にはマイナス四〇度にもなるという。夜に野外で立ち話をすると、吐く息がそのまま

凍り、クシャクシャと音を立てて落ちてゆく。それを〝星のささやき〟と呼ぶんだと老婆は半分冗談で語ってくれた。

老婆が気を使ってくれて、「お昼でも食べてゆくかね」と、簡単な料理を用意してくれた。その時出てきたのがオムリとワラビだった。

オムリは博物館の水族館で泳いでいた鱒科のサカナでニジマスに似ている。バイカル湖固有の珍魚で、ムニエルにしてあり、淡泊な身ながら鱒科のサカナ特有の野性味のある味わい深い味だった。驚いたのはワラビである。日本のわらびとまったく同じで、ここでは塩を少し振りかけて炒めものとして出された。やはりおいしい。老婆にきくと、

「パポロトニクだよ。春先に山で採れるし、市場でも売ってるよ」

シベリアではワラビを炒めたり、そのまま茹でたものをサラダにして家庭で食べるようだ。

思わぬ日本の里山の味に嬉しくなったものである。

のちにきいた話だが、シベリアではかつて〝わらび戦争〟があったそうな。

バイカル地方はワラビの宝庫で、日本人観光団にも大人気。そこで冷凍して日本へ輸出を図ったのだが、同時期、中国も同じ事を考えており、日本市場をめぐって中ソ貿易戦争となった。結果は中国に敗れたとか。残念であった。

前回は見落としていたが、今回、村の日本人墓地を案内された。枯れ木などが払いのけられ、きれいに整備されていた。

第二次世界大戦で日本が敗戦した時、旧ソ連軍占領地域に残っていた軍人ら、約五〇万人が捕虜となり、シベリア各地の収容所に抑留され強制労働に駆り出された。ここバイカル周辺にもいくつか収容所があり、道路建設、鉄道敷設、森林伐採などの重労働を課せられた。

食糧不足、寒気、劣悪な生活環境などが原因で、推定七万人の元日本兵が死亡している。日本人墓地は小高い山の麓にあり、こんもりと茂る森のなかにあった。整理番号と氏名が漢字とロシア語で彫られてあったが、もはや名の知れない墓碑もいくつかある。

「ダモーイ！（故郷へ）」

故国への帰郷に、思いを馳せながら異郷の土へ帰っていった日本の兵士たち。墓参団の置き土産だろうか、いくつかの墓には菊の花が供えられていた。

夕暮れ時にイルクーツクへ戻ると、アンガラ川の川面が銀色に光っていた。まもなく夏を迎える町は、白夜のようで陽はなかなか沈まない。ここでは人生がゆっくりと流れている。

大黒屋光太夫の一行で残った六人のうち、庄蔵と新蔵の二人は、シトニコフとコロツィギンという名のロシア人となって、イルクーツクに第二の人生を求めた。彼らにとってシベリアはまた都となったのだろう。何だかその心境が少し分かる気持ちになっていた。

# 第2章　アメリカ、オセアニア

カナダ　キングクラブ

カナダ　ハイダ料理

ニュージーランド　マオリ料理ウナギなど

# 1　ボストンへマグロを食べに行った　▼ボストン

## 開拓時代の面影を残す車窓風景

日本人に生まれると、やはり旨いマグロの刺身が食べたくなる。

海の王様のような三〇〇キログラムを超える魚体、ひと泳ぎも休まず、海中を突き進む逞しい遊泳力、鮮やかな肉の赤身、尾の先までびっしりと覆う筋肉……マグロのギリシャ語の属名 Thunnus は〝突進〟の意味だ。淡泊な身のなかにも濃密な脂肪がにじむ深い味わい。表わしがたい味だが仄《ほの》かな酸味と旨味が微妙に混融している。ほどよい冷たさが舌を清らかにし、わさびの刺激が身の甘さと溶け合いとろけるように喉元を通り抜ける。これはやはり日本人だけが知る美味の歓びだろうと思っていたのだが、最近では中国でもアメリカでもマグロ、とりわけトロの刺身が人気のようだ。

ニューヨークにしばらく滞在していたことがあった。

ニューヨークではスシバーによく行ったが、回転寿司や、スシセット専門のファストフードレストラン（NYには、この手が圧倒的に多い）は二、三度行って飽きてしまった。サシミサラダ（刺身の盛合せ）にはサワードレッシングが添えられ、わさびの代わりにホースラディシュが使われ、気分が少し変わって当初は楽しんでいたのだが、やはりこの手には飽きてくる。とくに本命のマグロに限っては味気ない。

マグロならばやはりわさびと醤油できちんと食べたい。

と、いうわけでニューヨークからアムトラックに乗ってボストンへと足を延ばしたのは一〇月、ボストン沖は大西洋クロマグロの本場で秋が旬である（ちなみに日本近海の本マグロは太平洋クロマグロで大西洋クロマグロとは互いに亜種のようだ）。

ニューヨークからボストンへのアムトラックの列車旅は思い出深い。

マグロへの荒らぶる食欲を前にして、絶好のアペリティフのような気持ちのいい列車旅、車窓風景だった。

コネチカット州、ロードアイランド州、マサチューセッツ州などは独立一三州で、歴史は古く、東部先進州である。高層ビルが林立し、すっかり現代化していると思っていたが、意外や意外、窓からの風景は開拓時代のアーリーアメリカの原風景が流れていた。

アウトドア・ファッション・ブランドのL・L・ビーンの発祥地が東部メイン州だとは知っていたが、なぜ東部なのか、が長らく疑問だった。だがこの旅でその理由が分かったような気になった。東部は森林が豊かで狩猟や乗馬、キャンプなど伝統的なアウトドアスポーツの本場だったのだ。

右手には青々とした大西洋が広がり、左手には原始の森と緑の平原。ワイルドなアメリカが横たわっている。

河口に繁茂する背高の葦、中空を覆うように茂るハルニレの巨木、森に囲まれて建つニューイングランド風の白いペンキの素朴な家々、小体な教会、国旗を掲げたコミュニティーホール……。一歩ニューヨークを離れると、そこにはアメリカ開拓時代があった。開拓者たちの残魂といったものが、車窓から眺める大地に封じ込められている気がした。

遠く祖国を離れて、神の国を求め、清らかな新天地に辿り着いたピューリタンの心が伝わってくる。

## 本場ボストンマグロの真相

さて、ボストンである。

ニューヨークが東京だとするならば、ボストンは鎌倉あたりの感じだろうか。街を歩くとしっとりとしており静かだ。ニューヨークのような人の洪水とクルマの喧騒はない。人口六〇万人ほどの街は、史跡や歴史建造物が残り、古いレンガ積みの倉庫や、石畳の坂道が遠い日の夢に微睡《まどろ》んでいるかのようだ。

まずは本場のボストンマグロを食べたいと、駅の観光案内所で紹介された、〝正しい寿司屋〟だという「紅寿司 Benisushi」を捜した。

パブリックパーク近く、スチュアート通りに看板を見つけて心は躍った。いよいよ本場マグロにお目にかかれるのだ。

店に入る前、ちょっと様子を伺った。というのはスシブームの続くアメリカでは、どの地方都市でもスシバーはあるが、その多くは韓国人や中国人の経営で、マシーンニギリ（機械にぎり寿司）の店や回転寿司が多いのだ。

覗いた「Benisushi」の店内は日本人らしき寿司職人が働いていて、落ちついた白木のカウンターがあり、ガラスケースのなかには、日本と同じようにスシ種が並んでいる。ひとまず安心して店に入ると、「いらっしゃい！」と懐かしい日本語の板さんの声、嬉しくなってカウンターに座る。夕方早めだから客はまだいない。

まずは中トロあたりの刺身を、とガラスケースを指さすと、鉢巻きをした中年の磨きのかかった顔立ちの板さんは、

「お客さん、こっちにして」

と、本マグロ（クロマグロ）の脇にあるメジマグロを勧めた。クロ、キハダ、メバチ、南マグロとマグロの種類はいくつもあるが、メジマグロは近海もので、クロマグロの小振り

の幼魚のようだが、それでも体長は一メートル、重さ二〇キログラムくらいある。堂々としたクロマグロだ。

「どうして？」と聞けば、トロは何と東京からの逆輸入なのだそうだ。

ボストンはアメリカ一の水揚げ港で、近海のマサチューセッツ湾での大西洋クロマグロは、日本の太平洋マグロよりも魚体は大きく、味は濃厚で脂肪のノリがいい、と評判だ。ところが本場の三〇〇〜三五〇キログラムの高級マグロは生のまま氷詰めされ、すぐさま日本へと空輸されてしまうという。水揚げしてから二四時間以内に築地市場に着くらしい。

大西洋マグロの特上トロは銀座などの高級寿司店、割烹店に卸され、その残りが冷凍されて再びボストンへと戻ってくるというのだ。実は読者の皆さんも、すでに東京のちょっと高級なお寿司屋さんで本場ボストンマグロを味わっているのかもしれない（訪れた時は日本がバブル経済のさなかだったので、今も同じ状況だとは保証できない）。

良心的な板さんは、日本人の寿司通にはトロを出さず地のメジマグロを推したわけだ。

メジマグロ（関西ではヨコワと呼ぶ）は、脂肪分は少ないが、身が繊細で、優雅な味わいがある。一口食べてほんものだと納得した。やはり本わさびと醬油が決め手だ。改めてボストンまで来てよかったと思った。

板さんにアメリカの寿司事情をきくと、実は全米どこへ行っても日本人経営の正統な寿司屋ならば、寿司タネは大体同じなんだそうな。というのは、ニューヨークにある寿司タネの仕入れ商社が、全米の寿司屋をネットワークしており、各店の注文に応じて空輸して宅配しているのだ

寿司タネの出所は以下のごとし。

カニ（KING CRAB）はアラスカ、ミル貝（HORSE CLAM）はシアトル、サバ（MACKEREL）とアワビ（ABALONE）はカリフォルニア、アナゴ（SEA-EEL）は韓国、サケ（SALMON）はノルウェー、エビ（SHRIMP）はメキシコ。そのほかシソ葉はニュージャージー州、ガリは台湾、シャリ（米）はカリフォルニア米のニシキ……。

本家、わが日本からは納豆、山ゴボウくらいだという。つまり、アメリカ各都市で、日本経営の寿司屋にゆけばほぼ同じネタが出る、というわけだ。ということはほとんどが冷凍ものである。

板さんは、

「こちらの人はサカナの扱い方が分からないんですよ。だから地ものといえども、寿司ネタには使えないものが多いんです。仕入れ業者に頼むと品質が保証されていますからね」

それでも、このお店は頑固にボストンの地ものを扱っている。

ヒラメ（FLUKE）、ウニ（SEAURCHIN）、ホタテ（SCALLOP）、甘エビ（RAW SHRIMP）

がそうだ、ときいて安心した。サカナはやはり、地でとれたものがいい。いずれも日本の寿司屋と変わりなく、繊細で、優雅な味わいであった。

隠れたボストンの名産は、なんと「肝（キモ）」（FISH LIVER）だとか。あん肝は、ほとんど日本の市場を制覇しているようだ。

一方、青い目の好みといえば、一、ハマチ、二、トロ、三、アナゴがベスト・スリーで、甘だれをいっぱいつけて召し上がるようだ。素材を尊ぶ江戸っ子とは大違い。アボカドを巻いたカリフォルニアロールや、鮭の皮を巻いたサーモンスキンロール、タイガーアイと呼ばれるアナゴ巻きも人気の的。ちなみにお値段は、まあ日本のちょっと高級な寿司屋と同じくらいだ。

スシバー人気の秘密は？　と聞けば、板さんが明かすには、どうやら辛いわさびにあるらしい。アメリカ人の寿司通はスプーンの上に山のように盛ったわさびを、ポイッと口に入れ、ウォーと叫び涙をこぼしながらシーハーするのが粋なんだと!?　強烈な刺激が一瞬頭をハイにしてくれて、ストレスが解消されるようだ。「スシトリップ」って言葉があるくらいで、なんとも日本人は喜ぶべきか、悲しむべきか、まったくよく分からないのがアメリカ流なのだ。

帰り道、夕方の港を散歩した。

埠頭には水揚げされたサカナが野積みになっていた。

いた、いた。サバやタイ、ヒラメ、オヒョウ……。

しかし、よく見ると、半分日干しになっているではないか。日本のように船から水揚げするとすぐに氷詰めしておらず、サカナはトラックがくるまで野積みにされ、埠頭で夕陽に晒されているのである。

あれまっ！

アメリカの寿司バーで出されるヒラメはすべてオヒョウだと聞いたことがあるが、これじゃヒラメだろうが、カレイだろうが、オヒョウだろうがもはや区別はつかないだろうに。

「アメリカ人は、サカナの扱い方が分からない」

先ほどきいた板さんの言葉を実証したかのような光景だった。

### スペンサーのボストン案内

ボストンといえば、ロバート・B・パーカーの推理小説「スペンサー」シリーズが浮かんでくる。このシリーズ、本命のストーリーはさておいて、料理やファッション、ブランド店の情報がふんだんに入っていて、サブカルチャーとして面白く読め、女性読者にも人気である。

たとえば、出世作『約束の地』（菊池光訳・早川書房）では、「ウギのステーキ・ランチで我慢するつもりでいたの。でも今は、ピア4（フォー）を考えているわ」

「ピア4だ。着替えた方がいいかな？」

「少なくとも、胸の汗を拭ってよ」

以上は、私立探偵スペンサーとその恋人、スーザンの会話。

ピア4（フォー）はボストンを代表するシーフードレストランで、ロブスターやハマグリ、カキ、エビなど北大西洋の潮にもまれた魚介類の新鮮な味覚が楽しめる老舗だ（ちなみにSASHIMIも店のメニューにある）。

スペンサーはこの店を「交際費の記念碑、社用昼食費の神殿」と、皮肉っているが、実はまんざらでもなく、夜空の桟橋を見ながらムード溢れるディナーを十分に恋人と楽しもうというわけだ。

スペンサーシリーズを読むと、大雑把にアメリカ人（東部のホワイトカラー）の食文化が解読できる。

朝食はコーン・マフィンやドーナッツ、欠かさないのがオレンジジュースとコーヒー。お昼にはジャンクフード（ホットドック、ピッツアなどのファストフード）とクリームソーダ、あるいはサンドイッチとビール。夕食はチーズバーガーとボジョレーのワイン、またはラムカツレツとブルゴーニュワインといった無国籍風組み合わせ。恋人とのフルコースディナーやパーティ以外の食生活はきわめて質素といっていい。

やはり開拓民の末裔なのだろう。フロンティアでは食事は楽しむものではなかった。手早く口に押し込んで、お腹を満たして、エネルギーを得るものが最良なのだ。コヨーテが徘徊する山野で野営しておいしさを噛みしめる余裕などそこにはなかった。だからステーキやローストポークなど素早く食べられ、活力が出るものが優先された。今のアメリカ人は少し変わってきたが、根っこのところはさほど変わらない。

ボストンはアメリカ料理の発祥の地でもある。

たとえばカウボーイを代表する料理、ベイクドビーンズはウズラ豆と塩漬けの豚肉、タマネギを長時間煮込んだものだが、正式名はボストン・ベイクドビーンズという。ミルクで溶いたホワイトソースでハマグリを煮込んだクラムチャウダーも、正式にはボストンの名をつける。コーンミール（トウモロコシ粉）に、小麦粉をちょっぴり加えて蒸し上げたパンはボストン・ブラウンブレッドと呼び、サンディ・ブランチには欠かせないパンだ。

ボストン郊外のプリマスに清教徒が上陸したのは一六二〇年一二月のこと。彼らは本国で保守的なイギリス国教会に迫害されて逃れてきた人々だった。先住民に歓迎され、族長のマサソイトから越冬のためのトウモロコシの種をもらったが、寒さと飢えで、翌年の春を迎えた時には、約半数の五〇人しか残らなかった。

この広大無辺の北の大地に彼らはリンゴの苗を植え、トウモロコシの種を蒔き、最初の新大陸での収穫祭を祝った。アメリカの料理はそうした開拓の厳しさのなかに生まれ、激しい労働のなかで育った。

七面鳥の丸焼きやステーキ、パイやハンバーガー。そうして見ると、いずれも手早く料理ができ、しかも滋養に富んだ労働食だ。贅沢を敵としたピューリタニズムが背骨にしっかと貫かれているのだろう。

その伝統をボストニアン、スペンサーも背負っている。

## 2　ミシシッピ川の贈りもの　▼ニューオーリンズ

### 優雅を極めた南部のブランチ

アメリカ合衆国のなかでもルイジアナ州は異彩を放っている。

一八一二年、合衆国に編入される前はフランスの領地だった。その名もルイ一四世にちなんでおり、中心都市ニューオーリンズの名もオルレアン家のフィリップ二世の名に由来している。時のジェファーソン大統領がナポレオンから買収したのである。合衆国としては西へと開拓を進めるさなかでミシシッピ川流域をどうしても掌中にしたかった。一方ナポレオンはルイジアナをアンティル諸島（カリブ海）から砂糖を仕入れるための拠点としていたが、ドミニカへの侵略戦争に失敗し撤退を決めた。

ニューオーリンズは、フランスの前はスペインが支配していた。もとより先住民のインディアンも暮らしている。また黒人たちが奴隷貿易でアフリカから運ばれてきた。四つの人種と異種文化がこの地で交じり合い、ここにほかのアメリカの州にはないエキゾチックな、独特な土壌を生み出した。ケイジャンとかクレオールと呼ばれる多民族混融の料理や音楽、文化がそうだ。ケイジャンとはフランス系アカーディア人が育んだ文化、〝クレオール〟とは、フランス人、スペイン人の白人系とアフリカから来た黒人奴隷、地元先住民などとの〝混血〟を意味した。

ニューオーリンズにはフレンチクォーターという街区がある。かつてフランスの植民地だった一角で、バルコニーやベランダのある南欧風の建物やスペイン時代の石組みの建造物が残っている。一方、ブルースの曲名で知られるベイジンストリートは今やひっそりとした街の一角だが、かつてここは〝赤線地帯〟で、ジャズクラブやカジノで賑わったところだ。繁華街のバーボンストリートにはジャズ、カントリー、ブルースのライブハウスが建ち並びここが音楽の街でもあることを教えてくれる。ジャズで有名なルイ・アームストロングもこの街で生まれた。

めざすレストランは石畳の歩道の片隅にあった。重厚な建物は一七九五年に建てられたもの。合衆国が独立してまもなくの頃でルイジアナはまだフランス領だった。古めかしい玄関と暗い受付とは対照的に一歩お店に入ると、緑の木々に取り囲まれたパティオ（中庭）があり、ガーデンレストランがまぶしい午前の光のなかにあった。

黒いスーツと白シャツで正装した黒人のボーイが微笑をたたえて迎えてくれる。やがてディキシーのスローなジャズ演奏がはじまった。

店の名は「ザ・コート・オブ・ツー・シスターズ」。ニューオーリンズに暮らす知人が「ぜひブランチに行ってみろ」と推した店だった。

お洒落なメニューブックだった。フランス人画家が描いた風景画のなかに献立が細かく書き込まれている。

まず出されたのは亀のスープ。亀と聞いて一瞬たじろいだが、考えてみればスッポンも同じようなものだ。スッポン鍋は最高級料理だ。さて味はといえば臭みのない薄茶色のスープに長寿のエキスがとろけるように舌の上で弾ける。亀は淡水産のものだという。

次なるはザリガニのサラダ。ニューオーリンズの名物はザリガニである。旬は春先で冬の眠りから覚めたザリガニをそのままボイルする。日本のザリガニよりも大ぶりで、塩水に浸けて泥臭さを抜き、真っ赤な香辛料を使い大鍋で茹でるとザリガニも真っ赤に染まる。身は匂いはなくあっさりしており、ほくほくとしておいしい。かのロブスターもザリガニの仲間だから味は推して知るべしだ。最近は日本でも北海道あたりで養殖をはじめている。真っ赤なザリガニと緑のサラダの色合いが鮮やかだ。白い身はトッピングしてある。シャブリの白ワインが喉元に爽やかにしみわたる。メニューにはそれぞれの料理に合うワインセレクションのヒントも書き込まれている。

さて卵料理はポーチドエッグ。卵二つの大皿にはキノコ、刻みタマネギ、セロリなどが添えられ、とろけるようなオランデーソースがかけられ、コリアンダー、青ネギの香菜が散りばめられとても見た目に美しい。

南北戦争が起きる前までアメリカ南部は世界でも一番の豊かな国だった。大規模なプランテーションを経営し、綿花は産業革命のはじまった東部でとぶように売れた。

「ルイジアナは年中笑っていても土から金が出る」——と言われるほどの栄華の時代があったのだ。

テネシー・ウィリアムスの名作『欲望という名の電車』はニューオーリンズを舞台にしているが、その市電の走るセント・チャールス・アベニューにはルイジアナコテージと呼ばれる邸宅が並んでいる。白いポーチ、バルコニーのある映画に出てくるような景色でそこにはヴィクトリア様式、ギリシャ様式などカネに明かした格式高い豪邸が建ち並ぶ。

亀のスープやザリガニ、卵料理のブランチは、そうした富裕層が午前からゆっくりとワインやシャンパンを飲みながら、ひねもす料理と談笑を楽しむために生まれたものだ。

ワインをブルゴーニュの赤に代えて、メインはこんがりと直火で焼いた鶏肉料理。これもとてもスパイシーで焼き色もボリューム感も立ちのぼる香りも大いに食欲をそそる。

ブロイラではなく先ほどまで地面のミミズをつついていた鶏だろう。身は噛み応えがあり野味があり、かつ柔らかく滋養に富んでいた。南部はチキンの本場である。ジャガイモ、カリフラワー、サヤエンドウ、ニンジンなどの温野菜がたっぷりと添えられる。

デザートはバナナフォスター。バナナの皮をリンゴの皮を剝くようにつなぎ、長くなった皮にリキュールをかけ、下から火をつけると炎が皮を伝って立ちのぼる。バナナの身はリキュールに香りづけされ、次にはフライパンでチョコレートを混ぜて丁寧に焼かれる。黒人コックの見事な技だ。

テーブルからはコックのショーに拍手が起こった。

## ジャンバラヤが代表するケイジャン料理

ちょっぴり上品で伝統的なフランス料理のテイストが残るクレオール料理に対して、カジュアルな料理がケイジャンだ。前述したようにケイジャンは北米北東部（今のカナダ、ノヴァスコシア州）に暮らしていたフランス系のアカーディア人がフレンチ・インディアン戦争の敗北で土地を追われ、仏領ルイジアナをめざしてミシシッピ川を南下した。その旅のなかで先住民（ハーブやスパイスを教える）や開拓民と接しながら育んできた料理法だ。カントリーサイドの自給自足の旅で作られたものだから料理法は単純だが、ルイジアナの多彩な地の素材を得て完成した。

ジャンバラヤ（肉、魚介、野菜の炊き込みごはん）、ガンボ（魚介、野菜にオクラあるいはフィレパウダーを加えてとろみをつけたシチュー）が典型的なケイジャン料理と言われている。いずれのケイジャン料理も土地でとれる米、豆類を使い、タマネギ、セロリ、ピーマンなどの野菜を刻んで炒めたものをベースに肉、鶏、魚介をメインにしてタバスコ、チリペッパーなどの香辛料をピリリと利かせたものが多い。ニューオーリンズのあるミシシッピ川下流三角地帯にはバイユーと呼ばれる低湿地帯を流れる小川が多く、カエル、ワニ（アリゲーター）、ナマズ、ザリガニ、貝類など野趣味溢れる食材に事欠かない。

ジャンバラヤの名はハンク・ウィリアムスの歌うカントリーソングで知られていて、何だか賑やかな南部地方のキャンプパーティ料理を想像させるが、ジャンバラヤやガンボも高級レストランではクレオール料理として出されることもある。

実際、クレオール料理とケイジャン料理の区別は難しく、一方が伝統的でエレガント、他方がお手軽なカジュアル、という単純な区分けでは計れない。

## スパイスは新大陸発見、貿易戦争の元だった

ケイジャン料理やクレオール料理に欠かせないのがスパイスだ。

スパイスは長い歴史をもち単に料理の風味づけや色づけ、食品の保存だけではなく、宗教儀式にも多く使われた。古代エジプトでは王の死体の防腐処置に使われ、ミイラ作りに一役買っている。没薬（ミルラ）、乳香（フランキンセンス）、白檀（サンダルウッド）は宗教儀式に使われた。東方の三博士がイエス・キリストの誕生を祝って贈ったのは黄金と乳香、没薬だった。その貴重さから租税、賠償金を支払う時の通貨代わりとしても使われた。中世ではどれほどスパイスを蓄えているかが富の基準となった。やがて世界でスパイス争奪戦がはじまり、産地のアフリカや東南アジアへ向けて冒険者たちが海へ乗り出し、その末に新大陸の発見があった。持ち帰ったスパイスは莫大な財を生み、ヨーロッパではヴェ

ニスなどの商業都市が発展した。

代表的なスパイスを紹介しておこう。

ペッパー（胡椒）は紀元前四世紀にはすでにギリシャで知られており、スパイスの王様、黒い金と呼ばれていた。租税や賠償金を支払う時の通貨としても代用され、衰退したローマ帝国がゴート族に侵略された時、三〇〇〇ポンド（約一三六〇キログラム）のペッパーを賠償金として要求された、というエピソードも残っている。

ブラック、グリーン、ホワイトと三種あるが実際は同じ果実で、ブラックは熟しかけの実からとったもの。ホワイトは完熟した実を収穫し、黒い外皮を取り除いたもの。グリーンは未熟な青い実からとったものだ。アメリカ最初の億万長者はマサチューセッツ州セーラムで行われたペッパーの取引から生まれたという。

サフランは世界でもっとも高級なスパイスで、ヨーロッパの王家では客人にふりまいてその財力を示したという。昔は化粧品や香水の素材に使われていた。今は南欧風のリゾットやパエリアには欠かせないスパイスだ。

ガーリック（ニンニク、大蒜）は女性にはその強烈な匂いが嫌われるようだが、効能は優れており、ガーリックが効かない症状を探す方が難しいという説もあるほどだ。とりわけ抗ウイルス、がん予防、精力増進に効果があるという。伝説では吸血鬼、オオカミ男、魔女、悪魔を撃退する。

クミンは古代エジプトでは王をミイラにするのに使われた。また聖書には教会の司祭に奉納する「十分の一税」として使われたとの記述がある。肉（牛、子羊）料理によく合い、ほろ苦く、辛味がある。アメリカへはスペイン人により伝わった。

チリペッパー（唐辛子）は一六世紀にスペイン人、ポルトガル人がアメリカ大陸（中南米）でレッドチリペッパーを発見。ヨーロッパに持ち帰った。修道士が栽培をはじめて広まり、日本へは一五四三年にポルトガル人宣教師によりもたらされた。北海道では七味唐辛子のことを「南蛮」と呼ぶが、唐（中国）から伝わったのではないのだから、こちらの呼び方の方が正しいかもしれない。パプリカは唐辛子と同じ種属で、やはり中南米が原産。一六世紀にスペイン人によりヨーロッパへ持ち込まれた。当初はピメントンと呼ばれたがハンガリーでパプリカと呼ばれるようになり、ハンガリー料理、グヤーシュなどには欠かせないスパイスとなった。

フェンネルは眼に効能があり、中世の修道院の薬草園では欠かせない貴重な薬草だった。アメリカに渡った清教徒らは長い礼拝の最中にフェンネルを噛み、おなかが鳴らないようにしたという。

さてさてスパイスの種は限りなく、ひとつの料理には幾種類ものスパイスを使うのが常道である。ほとんどが体に効能があるから、ニューオーリンズへ行ったら、大いにケイジャンやクレオール料理を楽しんでみよう。

## ラフカディオ・ハーンの料理本

ラフカディオ・ハーン（小泉八雲）は来日する以前、ニューオーリンズで暮らしていた時がある。そこでクレオール料理を出す店を友人と共同経営していたことはあまり知られていない。

恵まれない市民や金のない労働者を相手に「不景気屋」という名の食堂をしばし経営した。ハーン自身が富裕層ではないので一体どんな食堂だったのか、興味が湧くが、友人に裏切られてまもなく閉じてしまった。

しかし、転んでもタダでは起きないハーンである。彼はその時に得た知識で、一冊の本を書いた。今から約一四〇年前の一八八五年、『クレオール料理（*La Cuisine Creole*）』というタイトルの本はアメリカで出版された。

ギリシャで生まれ、アイルランドで育ったハーンは、両親に見捨てられ、一九歳で単身アメリカに渡る。温情ある人々に助けられ苦労の末に新聞記者となり、シンシナティで芽を出した。黒人女性と同棲、結婚するが、当時の州法では黒人と白人の結婚は許されず二人は貧しいなかで別離する。二七歳のときハーンはすべてを捨て、裸一貫で新たな志をもってここニューオーリンズに移り住んだ。

生涯を通じて反キリスト教、アングロサクソン嫌いだった彼はここニューオーリンズで再生した。精霊を敬うブードゥー教という土着の宗教に関心をもち、各国の文化が混交しエキゾチックな風土や習慣をもつこの街に強く魅了された。

ニューオーリンズでは新聞社の文芸部長のポストに就き、おそらく彼の在アメリカの生涯でもっとも幸福な時だったかと思われる。永遠の恋人、エリザベス・ビスランドに出会うのもこの街である。

『クレオール料理』は、クレオール料理を紹介する世界初の書物であり、ラフカディオ・ハーンこと小泉八雲にとっては生涯唯一の料理書だ。クレオールの食文化を知るだけでなく一九世紀後半のニューオーリンズの人々がどのような生活を送っていたかも垣間見られ興味深い。日本でも翻訳本が出版されている。

小泉八雲は随筆家、再話小説家、民俗学者という多くの顔をもっている。日本の伝説や奇譚をもとに書いた『怪談（*Kwaidan*）』はよく知られるが、料理本は日本でも珍しいクレオールに関する本となった。

料理やレシピはハーンが友人の妻たちから直接教えられたものだという。つまり、一般家庭の味がそのまま紹介されている。それと同時に家庭の台所と女性たちの様子がうかがえる記述もあり、当時の庶民のニューオーリンズを知る意味でも貴重本だ。

## 3　されどステーキ、やはりステーキ　▼アラスカ

### 多彩だが無才なグルメの町

アラスカの玄関口は北太平洋に面したアンカレッジだ。

一七七八年、イギリスの探検家、ジェームズ・クックが最初にこの湾を航海。その後一九一四年にアラスカ鉄道建設の拠点として開発され、資材を運んだ船がこの港に錨（アンカー）をおろしたことからその名がついた、とガイドブックには書かれている。

当初はアラスカ鉄道（フェアバンクス〜アンカレッジ）の基地、その後、クック湾の石油開発、アラスカ縦断パイプラインの建設などに町は重要な役割を果たした。人口は三〇万人ほど、アラスカ最大の都市である。

かつての冷戦時代、日本からのヨーロッパ航路は必ずアンカレッジで給油した。アンカ

レッジ空港には、日本人観光客目当てのうどん屋があり、欧州へ旅立つ乗客の多くは〝最後の日本食〟として、きつねうどんを啜ったものだ。深夜便が多かったので、周囲は闇であまりアンカレッジの町には興味は抱かなかったようだ。

地球の北端に位置する割に気候は意外に温暖である。太平洋の黒潮が沿岸を流れ、背後のアラスカ山脈が北風を防ぐためだ。夏の最高気温は摂氏二〇度で、空気が乾燥しているので過ごしやすい。

街は碁盤の目のように整然と区画され、ダウンタウンには高層ビルが林立する。大自然と人工美がうまく溶け合った現代都市といえそうで、街路樹の白樺が北国を感じさせる。

と、なんだかガイドブック調に書いてしまった。裏をお話しすれば、アラスカはかつてガイドブックを書くために季節ごとに通ったところなのだ。

この街のグルメは多彩である。

アメリカ系のステーキハウスやピザハウス、ハンバーガー店、中国系のレストラン、日本系の和食堂、ヴェトナム料理店、ロシア料理店などなど国際色に富んでいる。その代表的なレストランを取材したが、さりとてこれは、とここで特別に紹介したいお店の記憶はない。アンカレッジは多彩であるが無才である、という味覚に関しては典型的なアメリカの町だったのだ。

## 思い出のフェアバンクス

アラスカに来るとフェアバンクスに行きたくなる。

アンカレッジよりもこの街の方が私は好きだ。アラスカ内陸部で最大都市といえども人口はわずかに約三万人、高層ビルはなく住宅地が広がり周辺には森が多い。

一九〇〇年、カナダ国境近くのクロンダイクで金が発見され、アラスカにゴールドラッシュが巻き起こる。翌年フェアバンクス近くに交易所ができ、その翌年、近郊のタナナ川支流の渓谷で金が発見された。町にはそうした開拓時代の歴史があり、郊外の金鉱跡地には掘削機が今も錆びついて残っている。

李さんを思い出す。

李さんは湖南省出身で、四〇歳台の働き盛り。フェアバンクスで「湖南酒店」という中国レストランを奥さんと二人で経営している。

フェアバンクス近郊の渓流で鱒を釣ったことがあった。李さんのお店は滞在していたホテルに近いので、獲物をもって李さんのお店でアクアパッツア風の「清蒸鱒魚」を特別に料理してもらった。湖南省の人だからサカナ料理はお手の物で飛び切りうまい。それが縁となりフェアバンクスに行くたびにお店に寄った。この店の〝ハーベスト・ビーフ〟という牛肉のプライムリブを単純に青唐辛子で炒めたチンジャオロースがとてもうまく、焼きめしを一緒に頼み、ビールを飲んで満腹になるのが常だった。ある時、

「ちょっと外へ飲みにゆきましょう」

と、誘われたことがあった。

李さんはやせており、長髪で、顔は日に焼けており、ジーンズ姿。先住民だか中国人だか日本人だか区別がつかない。四駆のワゴンに乗り、駆けつけたところは「シルバースパー（銀の拍車）」という名のカントリーのライブハウスだった。

駐車場は真っ暗だったが、玄関の扉を開けると、いきなり音楽と熱気が襲ってきた。土曜日だったからかもしれないが、荒涼としたフェアバンクスの街のどこにこんな人たちがいたのか、と思うくらいの賑わいである。ステージでテンガロンハットを被ったバンドメンバーがカントリーを歌い、ダンスフロアでは男女が組になって踊り、客が周りを取り囲むようにして酒を飲んでいる。一曲終わるたびに歓声と大拍手だ。

バーボンウィスキーを飲みながら、話題は思い出話になった。

「前に連れて行ってもらったストリップ劇場はまだあるの？」

と李さんにきけば、

「残念ながら潰れてしまったよ。劇場はフェアバンクスにはもう一軒もなくなった」という。

アラスカは、ゴールドラッシュで栄えたところである。その頃はどんな辺境の街でも活気があり、洗濯屋、花屋、新聞社や数多くの商店があった。なかでも劇場は華だった。そんなことを聞いていたから、アラスカのストリップとは一体どんなものなのか、と興味があり、李さんに連れて行ってもらったことがあったのだ。

劇場は大きなラウンジバーという感じで、鏡を背景にした舞台を中心にカウンターが取り囲んでいる。興味津々だったストリップショーは日本のような猥雑さはなく、いわばダンスショーだ。数人のダンサーが入れ代わり立ち代わり舞台に登場し、次から次へと音楽に合わせて踊り、淡々とドレスを一枚一枚脱ぎ捨て、最後に全裸になると、笑顔で手を振って「バイ、バイ」というものだった。

明るく健康的で、あっけらかんとしたものだ。

客の方は踊り場を囲むカウンターに居座り、ダンサーにはほとんど無頓着で思い思いに談笑に耽っている。ダンスはBGMのようなものだ。多少とも刺激的なシーンといえば、時々酔客が手招きしてダンサーを呼び、チップのドル札を彼女のブラジャーやパンティに押し込むくらいだ。黄金時代のフェアバンクスではこうした劇場が幾多もあり、ルーレットやトランプ賭博も盛んだった。しかし、さびれるままに時を経た今のフェアバンクスに娯楽施設はディスコくらいしか残っていない。

カントリーミュージックは日本の演歌と同様衰退する一方で、以前にはどの街にも生演奏をするカントリーハウスはあったが、今はカラオケハウスが優勢だ。

老若男女が手を取りながらカントリーダンスに励む健全な姿を見られるのは、もうアラスカのこうした田舎町しかないかもしれない。

## 「ダブル・マスキー」のリブステーキ

アリエスカへ行った。

アリエスカは、アンカレッジ郊外にあるアラスカ州最大のスキーリゾートである。氷河の際から一気に滑り降りるダウンヒルは豪快そのもので、眼下に氷結するターナゲイン湾の眺め、針葉樹の深い森、純白の雄壮な雪山と、三拍子揃っており、何よりもパウダースノウが魅力だ。スキーフリークならずとも、一度は訪れてみたくなる。

さて、そのアリエスカのホテルに滞在中のことである。

地元で知り合ったプロのカメラマン、ケン・グラハムより電話があり、ディナーを家でどうだ、との誘いだった。「ありがとう、もちろんさ」と、さっそく彼の家にお邪魔して、奥さんのジャッキーの手料理をいただくことになった。

ケンはアラスカの美しい自然に憧れて、西海岸から移住し野生動物やオーロラを撮り続けている写真家である。ジャッキーはニュージーランドからの花嫁で、二人はアリエスカのスキー場で結ばれた。

美人妻のジャッキーのカジュアルな手料理を味わい、カリフォルニアワインを飲み、ペンションのような彼らの優雅な邸宅に、彼我の住宅事情の差をみせつけられ、呼びつけられたジャッキーの女友達、アニーの二度にわたる熱烈なラブストーリーを聞き、アメリカンファミリーの気さくさと、親切さ、ホスピタリティーに感謝しつつ、心から楽しい一時を送っていた。

「ところでダブル・マスキー・インへは行ったかい？」と、ケン。

「いや」と、私が答える。

「何日に帰るの」

「明日だ」

「ダブル・マスキー・イン」とは、地元ガードウッド村のレストランで、この店の料理、とりわけニューヨークステーキは有名で、プレイボーイ誌、その他の有名誌に紹介されケンが専属で写真を撮っているという。

「君はぜひ行くべきだ。食べろとはいわんから、とにかく見るだけでもいい。案内する」と、半ば強制的に連れて行かれてしまった。

私はといえば、普段決して食べないデザートケーキを、アニーの手作りの差し入れという義理と、ご夫妻の無言で強制的な視線を浴びて、「グレート！」とか「デリシャス！」などと存分のリップサービスをふりまいていただき、腹八分どころか、もうゲップの（失礼！）出る寸前だったのである（アメリカのケーキの大きいこと！　甘ったるいこと！　だからこの国には食文化が発達しないのだ！）。

さらにこれからステーキハウスなどと、一体、狂気の沙汰か、という気分だったが、正直言えば内心、「次の機会のためにお店だけは知っておこう」という旅行記者の魂胆もあった。

## アラスカで体験するケイジャンクイジーヌ

一歩店に入ると、ん!?　これはタダモノではない、という気配がみなぎっていた。

長く海外取材を重ねると、こうしたカンはまずハズレない。磨かれた床の清潔さ、白いテーブルクロス、天井の優雅な空間、静かな雰囲気、漂う料理の匂い、客層、従業員のテキパキとした態度……。店内にはお祭りのお面やビーズ飾りなどが飾ってあり、アラスカにいることを忘れてしまいそうだ。店のポリシーはすべてオーナーのルーツ、ニューオーリンズにおいており、ケイジャン料理をウリにしている。

「ケン、君の言う通りだ。ぜひご主人を紹介してほしい」

悲しい性かな、たとえ満腹でも、おいしそうな匂いを嗅ぐとグルメの虫が蠢き、騒ぎだすのである。

先にも述べたが、典型的なケイジャン料理は、カントリーソングでおなじみのジャンバラヤとガンボだ。ジャンバラヤは野菜や肉をごったまぜにした炊き込みごはん、ガンボはオクラのシチューで、いずれもスパイシーな、独特な香料がきいている。とくにガンボ（スワヒリ語でオクラの意味）は黒コショウやニンニク、パプリカなどのスパイスの利いた、米国風オクラチャウダーなのだが、口にふくむとニューオーリンズの雑多でミステリアスで陽気な雰囲気が伝わってくる。

さてさて、目の前には厚さ三センチメートル、五〇〇グラムという恐怖のニューヨークステーキが差し出された。ミディアムレアの肉の上にピーナッツバターソースがべったりとのっている。しかしよくも食べられるものである。ディナーが終わってから二時間も経っていないのだ。しかし、一口ふくむとその肉の柔らかさ、歯ざわり、肉汁のにじみ出る豊饒さ。これこそステーキの味である。合衆国各州からわざわざこのステーキを食べに来

る客も多いという。店主は、

「世界を股にかけるキャプテン（機長）はよくご存知でしてね、アンカレッジが国際空港だった頃は皆さん、空港に着くなりクルマを飛ばしてすぐさまこの店をめざしてきましたよ」と、自信たっぷりだ。

「どうだ、マイったか！」

傍らで、ケンがぼくの興奮ぶりを眺めながら、満足げにニカーッと笑う。

松阪牛も神戸牛もうまいけれど、この店のステーキには到底かなわない。このステーキには、どっぷりとアメリカの肉食文化の結晶が、歴史を繙くように盛り込まれているようだ。

以来、私はアメリカへ行くたびにケイジャンレストランを探すことになったというわけだ。

## 4　北太平洋、黒潮の底力　▼カナダ

## 世界一のグルメシティ、バンクーバー

バンクーバーはいつ来ても気持ちのいい街だ。

六月、白夜の季節で午後九時となっても街には夏の光が溢れていた。目の前に太平洋が広がり、日本でもお馴染みの黒潮が流れる。背後には秀麗なサイプレス・マウンテンの峰を抱くロッキーの山塊が連なる。地形と港町の情景は北海道の函館に似ているが、バンクーバーには多彩な街の顔がある。超高層ビルが建ち並ぶダウンタウンの印象は大都会。一方、雑居ビルの建ち並ぶチャイナ・タウンはアジアの匂いを残しているし、街の発祥地というべきギャスタウンは、アメリカ開拓時代の面影を残し、石畳の歩道に古風な蒸気時計が時を刻んでいる。不要となった倉庫群をリメイクして、アーチストが多く暮らすグランヴィル・アイランドはニューヨークのソーホーにも雰囲気は似ている。

街は空気が澄み、山海の幸に恵まれ、現代の都市文化が育っている。

食に関して言えば、ハンバーガーやピッツアのファストフードが主流のアメリカ合衆国に比べれば、カナダのこの街の食はバラエティに富み、かつ食材が豊富で、食通をうならせる名店が多い。

目の前の太平洋でとれるカニ、ロブスター、鮭、ムール貝、オイスターなどシーフード

好きの食通にこの町は堪らない。それらの食材はフレンチ、イタリアン、中国料理店、日本料理店などそれぞれのエスニックなレストランで味わえる。ダウンタウンにはヌーベルクイジーヌの店もあれば、懐石料理店もあり、食の流行の先端を走っている。一方肉類はアルバータ牛をはじめ豚、鶏、七面鳥などカナダ各地から名産が集まってくる。

カナダワインもお薦めだ。カナダにはオカナガン渓谷やナイアガラ半島などブドウの名産地があり、白も赤もおいしいワインが数々ある。他国であまり味わえないのがアイスワインで、これは秋の収穫時にはとらず、そのまま冬まで残しておき、外気がマイナス八度になったときにはじめて収穫したブドウを使う。凍結して糖分が凝縮された、いわゆる〝貴腐ワイン〟だ。奥が深く重いワインだが多少甘味があり、デザートワインとして楽しめる。

カナダに来るとほっとするのは、この国が民族の集合国家だからだろう。世界中から人々が集まり、この国で固有の文化を育て上げた。合衆国がサラダボウルといわれるように民族混交国家ならば、カナダはモザイク国家で、それぞれの民族が独自の文化を保持しながら共存している。フランス語と英語の二つの言語を公用語としていることが、この国の立ち位置を象徴している。バンクーバーが全米の国民調査で「世界で一番暮らしたい街」の最上位に常時ランクアップされていることが納得できるだろう。

## アジア、日本とは歴史で結ばれている

バンクーバーは日本ともゆかりが深い。

明治二〇年代から大正時代にかけて、多くの日本人がこの街へ出稼ぎのために渡った。彼らは下町のパウエル通りに日本人街をつくり、漁業や鉄道建設、製材工場などで働いた。今、その子孫が二世、三世となって活躍している。太平洋戦争という不幸な戦争があり、日本人は敵国人視され収容所に入れられる、という不幸な出来事もあったが、今は時代の荒波を乗り越えて、日本とカナダは政府間の国際的な交流に基づき親密な関係を保っている。

バンクーバーのホテルにチェックインし旅装を解くと、まずはマリンドライブにあるフラミンゴハウス・レストランへとタクシーを飛ばす。

フラミンゴハウスは「紅鶴酒家」という名の中国料理店で、広東省出身のオーナーシェフが仕切っており、カニ料理が名物なのだ。二、三人で行けば、目の前の北太平洋であがった大きなタラバ蟹を丸ごと一匹茹でてくれる。店は住宅地にあるので、野外の芝生のテーブル席が心地よく、海からの潮風に頬を撫でられながら、まずはオカナガンの冷えた白ワインで乾杯。飛行機での長旅の疲れが一気に吹っ飛んでしまう。カニは単純に塩茹でし

たばかりのものが姿のまま盆にのって運ばれる。両脚をハサミで切り離し、むしゃぶりつくと、黒潮のエキスを丸ごといただくという気分だ。

翌日からの旅がこの一瞬楽しみになる。こうした店が街にあると、とても幸せな気持ちになってしまう。バンクーバーを手の内にする喜びである。

## ヴィクトリアで「カミカゼ」を飲む

ヴィクトリアはバンクーバー島の南東端にあるシックな町で、バンクーバーからフェリー、あるいは水上飛行機に乗って行く。

一九世紀半ばにハドソンベイ・カンパニーがここに毛皮交易所をおいて以来、イギリスの植民地となり時の女王の名を冠しヴィクトリアと名づけた。今はブリティッシュコロンビア州の州都である。

町を歩くとコロニアル風の建物や民家の庭の花に包まれて、一九世紀の古く懐かしいヴィクトリア朝の香りが甦る。多くの観光客は湾に面した荘厳な五ツ星ホテル「フェアモント・エンプレス」の滞在がお目当てで、ここで英国スタイルのアフタヌーン・ティーを満喫する。

ところが、反対側の海峡を見下ろすオークベイに小体なホテルがあることは、あまり知られていない。その名は「オークベイ・ビーチ・ホテル」。英国のチューダー朝を思い出させる木造のホテルには、「NITOBE SUITE」なる部屋がある。あの新渡戸稲造がここに夫人と滞在していたからだ。

新渡戸稲造は、「太平洋の架け橋」にならんと日米間の友好に努め、国際連盟の事務局次長を務めた。このホテルに滞在したのは昭和八（一九三三）年のことで、前年に満州国が建国され、この年軍国主義に走る日本は国際連盟を脱退した。日本とアメリカは太平洋を挟んで対立したが、新渡戸は両国の戦いを避けたい思いで、バンフで行われた国際会議に出席し、その帰国途中にヴィクトリアで倒れた。

新渡戸はこのホテルに夫人と滞在中、急性出血性すい炎を起こし病院へ運ばれたが、ついには帰朝できず、彼地で亡くなった。両国は新渡戸の思いに反して、太平洋戦争がはじまり日本は大敗して終戦を迎えた。

ホテル館内には太平洋を見下ろせるバーがある。スコッチやバーボンウィスキーなどの銘柄が並ぶメニューのなかに、「カミカゼ」なるカクテルがあった。バーテンダーにきくと、カナダの人気カクテルだという。日本の悲運な特攻隊の名を冠したカクテルは、戦後、飛行士の勇気を讃えてアメリカで作られた。ウォッカベースにリキュールを加え、ライムが浮かぶ少し酸味の利いたカクテルだ。

カミカゼを飲みながら新渡戸稲造のスピリチュアルな生涯を思った。
何となくへんな旅であった。

## キングサーモンの夏

バンクーバーから太平洋を北へプロペラ機に乗り二時間あまり、ハイダ・グアイへ鮭釣りに毎年通ったことがあった。キングサーモン（マスノスケ）がお目当てで、シーズンは六月下旬、ちょうど夏至の頃である。ハイダ・グアイ（以前はクイーンシャーロット諸島と呼ばれた）は、ブリティッシュコロンビア州の北西部に浮かぶ大小一五〇あまりの群島の総称である。そのなかのひとつ、プリンセス・ロイヤル島で四日間を過ごした。

フィッシングロッジは島の湾の片隅に浮かぶ水上ホテルなのである。カナダにはこうした釣りのための水上移動ホテルがいくつかあり、釣りの季節が終わる冬には最寄りのプリンスルパートの港へと移動するのである。

北太平洋のカナダ沿岸は鮭の宝庫だ。五月からチヌーク（キング、マスノスケ）、六月からはコーホ（シルヴァー、銀鮭）、七月はソッカイ（ピンク、紅鮭）と、産卵の母川へとめざす鮭たちの通り道となる。

ロッジは釣り客のためにボート、道具を用意しており、スタッフがガイドを兼ねている。

穏やかな湾には釣船しか浮かばず、内陸部の森には先住民の廃村があるだけだ。人間が大自然の片隅を間借りしたという感じで、目の前をシャチやイルカが我物顔で、堂々とよぎりザトウクジラが時折潮を吹く。

午後一〇時を過ぎても、陽は水平線上から沈まず、辺りは明るい。時折、白頭鷲が水面のニシンの群を追い急降下ダイビングする。その白い飛沫が夕まずめの海の沈黙を破っていた。

白夜の夏だ。

夜明けから夕暮れまで、ボートの上でひたすら竿先を眺めている。

餌のニシンを食いちぎる鮭を待っているのである。チヌークはキングサーモンとも呼ばれ、重さは平均二〇キログラム、その巨大魚がひとたび鉤にかかると、海水を割り一メートルも跳躍する。

何という筋力であろうか。そして引いたり、緩めたりの壮絶なファイト！

この興奮がたまらない。一度その感動を味わうと、二度、三度と。遥かなる旅程に苦痛は感じなくなる。キングサーモン・フリークと化すのだ。客のなかには遠くニューヨークやフロリダから来る紳士も数多くいる。

欧米で鮭釣りはゴルフ以上にステイタスシンボルで、富裕層の最高級クラスのスポーツレジャーである。水上ロッジは最低三泊四日の滞在が義務づけられるが、朝食、昼食、夕食、酒、コーヒーのすべてがインクルードされている。食堂にはバーカウンターがあり、客は朝からシャンパンやワインを自由に飲むことができる。

ここでの人気はシーザーだ。ウォッカベースのカクテルで、クラマト（ハマグリのエキスとトマトジュース）で割り、セロリを添える。赤い色の液体はブラディマリーにもちょっと似ている。二日酔いに利くという伝説があり、食堂に集まった客たちは、釣りの収穫の縁起をかつぎ、朝からこのシーザーを飲むのがしきたりとなっている。

冷たくて喉越しがよく、ハマグリのエキスが肝機能を高め、トマトジュースがアルコール代謝に効くという。ジュースで割っているのでいくぶんかウォッカの強烈さはやわらいでいるが、ピリッとした舌ざわりが、どろんとした二日酔いの眼を開かせる。

ついでにいただくのがエッグベネディクト。発祥はニューヨークといわれているが、カナダでは朝食として人気のあるメニューだ。どこのレストランでも目玉焼きやオムレツと並んで出されている。イングリッシュマフィンを半分に割って、その上にポーチドエッグ、ハム（ベーコン）をのせ、オランデーズソース（バター、レモン汁、卵黄を使ったソース）をかけて食べるものだ。好みや日によりハムをサーモンやプラウン（小エビ）に代えると気分も変わる。

エッグベネディクトの誕生には諸説あるが、ひとつだけ紹介すると、ニューヨークの株の仲買人のレミュエル・ベネディクトが一八九四年、ウォルドルフ・アステリアホテルの食堂を訪れ、二日酔いから立ち直るためにバタートースト、ポーチドエッグ、カリカリに焼いたベーコンと一口分のオランデーズソースを頼んだ。支配人のオスカー・チルキーがその組み合わせに感銘し、ベーコンとトーストをハムとマフィンに代えて朝食のメニューとして採用して人気を博したという逸話が残っている。以来、エッグベネディクトは二日酔い止めとして愛飲家たちの人気になったようである。それがなぜカナダで日常化したのかは知らない。カナダにはドランカーが多かったからだろうか。

翌朝もシーザーで乾杯し、エッグベネディクトをつまみ、ボートに乗り込んで釣りにゆく。

キャスティングすると、大物への期待に胸は熱くなる。緊張と忍耐の連続に、いつしか頭のなかは真っ白になってゆく。本当のヴァカンス（空白）の真意とは、元来こうしたことなのだろう。

## ハイダ族のエスニック料理

ハイダとは人間、グアイは島、ハイダ・グアイとは〝人間たちの島〟という意味で、ハイダ族はトーテムポールで知られている。

トーテムポールはモーズビー島南端のスカン・グアイという無人の村に立つものが知られている。入り江の奥に廃村があり、一〇メートルはあろうか、という高い列柱が家々の前に並んでいた。すでにほとんどのものは崩れており、木柱に彫られたワタリガラスやワシ、オオカミやカエルのような人の顔など異常な雰囲気で、妖怪たちが住む村のようでもあった。

かつて本島には平和な穏やかな村々があったが、一八五〇年代に白人たちがラッコ（高級毛皮材として高く売れた）の狩猟にやってきて天然痘を島にもちこんだ。免疫をもたない島の住民は約九割が病死、ほとんどの村は消滅した。天然痘は今でいう新型コロナ・ウイルスのようなものだ。合衆国でも先住民族は入植してきた白人に虐待された。その死者数は戦闘によるものよりも疫病による者の方が多かったという。

トーテムポールは祖先の霊を祭っている。いわば墓標のようなものだ。そこには消滅した部族の怨霊が渦巻き、男女の痛ましい号泣は歳月を経て今は残骸となり、遠い祖先の悲しい物語をかたりかけてくる。

今はユネスコ世界文化遺産に認定され、村人たちはここに入る観光客を制限しており、案内人を雇わねば入村できない。

その日の夜、ハイダ料理でもてなされた。

出されたメニューは、ワカメとオヒョウ（白身魚）とジャガイモのスープ、前菜は鮭のトバ（皮ごと日干しにしたもの）、生ワカメ、オヒョウの燻製。メインの大皿にはチヌークサーモン（燻製と塩焼き）、子持ちコンブ、鹿肉。野菜は茹でたジャガイモ、キャベツ、エンドウ豆、ニンジン、米だった。

久しぶりのサカナ中心のメニューに感動した。味付けは塩、胡椒だけだが、ここに醤油があったら、日本食に近いのではないか、と思われた。

思えばハイダ族は、太古にユーラシア大陸からベーリング海峡を渡ってきたモンゴロイドで、われわれと祖先は同じである。今は混血してすっかりコーカソイド（白人）化しているが、古い写真を見せてもらうと、隣のゴローさんや向かいのハナコ婆さんに似た先祖の顔が大勢いるのだった。

鮭のトバを嚙みしめ、子持ちコンブを味わいながら、太平洋を隔てた遠いわが祖国を思い出していた。

# 5 南半球で味わったハギスの珍味 ▼ニュージーランド

## 北と南、逆さまの国

北半球の日本と南半球のニュージーランド、逆さまになるのは夏と冬の季節だけかと思っていたら、いやいや暮らしの上では随分と逆さま事象が多いのだ。

たとえば北向きと南向き。ニュージーランドでは家を当然ながら日当りの良い北向きに建てる。ところが最初に入植してきたイギリス人は、故郷と同じように南向きに家を建てた。そしたら冬が来て逆さまだと気がついた時には皆で風邪をひいていた――などという、とぼけたようなエピソードも残っている。

山々に雪が多いのは南斜面。日本からやってきたスキーヤーは日ざしを求めて暖かいと思う南斜面へと向ってゆく。風邪など引かなければいいが……。

亭主関白ならぬ女性上位――。近年、わが日本でも男性諸氏は自信をなくしつつあるが、古来日本は男尊女卑、亭主関白の国であった。ところが彼地では正反対で女性の権力は絶大である。家族旅行の決定権は妻がもち、家計も妻が握っており、妻が高給取りのキャリアで、夫はハウスキーパーというカップルはごくフツーに存在している。だから女性は自由を求め、離婚率も世界のトップレベルだ。ニュージーランド現首相のジャシンダ・アーダーンも女性である。

食味に見る逆さま現象も興味深い。

日本のスーパーでの肉の値段は、牛肉、豚肉、鶏肉の順に安くなるが、ニュージーランドではその逆だ。

一番高いのが鶏肉、二番目は豚肉、牛肉が一番安い。ホームステイで毎晩ステーキを出されて感動した、という話をよく聞くが、実は牛肉が一番安いのである。なぜかというと、ニュージーランドで牛は和牛のように牛舎に囲って飼育せず、ほとんどが牧草地に放牧だから飼料、牛舎はあまり要らない。豚は小屋と餌が必要で、鶏は飼料とともに大がかりな鶏舎が必要だ。つまり世話をやく手間と小屋、餌代のかかる順に肉は高くなってゆく。

野に放たれて、牧草だけを食べている牛は手間と餌代がかからない。だから肉は安いが、ほとんどの牛たちは痩せており脂肪がのっていない。だからステーキにしても硬くて脂身が少ないのだ。最近では、世界の標準に合わせるように牛にも飼料を与え肥らせてはいるようだが、日本の松阪牛のように霜降り肉をつくらせるためビールなど飲ませたりはしていない。

サカナについては、日本では鮮魚は高いが、ニュージーランドでは鮮魚は牛肉よりも安い。タイやアワビは、地元では安くしか売れないから高く売れる日本へと輸出している。この国ではステーキと新鮮なサカナを食べていれば、栄養は十分とれて美味しく安く暮らせる。まぁ、日本より理に適った暮らしと言えそうだ。

## 郷愁漂うダニーデンの街へ

ニュージーランドは北島と南島の二つの島から成っている。北島は主都オークランドがあり、国の中心。一方、南島は自然が豊かだ。

南島のダニーデンへ行った。

ダニーデンは南島、オタゴ地方の中心都市で人口約一三万人、人口の二二パーセントが学生という学園都市だ。訪れたのは中秋、近郊の農地ではちょうど野焼きの煙がいたるところで立ちのぼっていた。

一九世紀半ば、スコットランド自由教会の使徒らが最初に入植しその子孫らが街を築いた。そのせいかスコットランドの古き都エディンバラに似て郷愁が漂う。

同じ南島のクライストチャーチがイングランド風と言われるのと対照をなしている。街のところどころに歴史を感じさせる建造物があり、とりわけダニーデン駅は荘厳なヴィクトリア朝の建物だ。オタゴ大学もニュージーランド最古の大学で、日本からの留学生も多い。

この街で本物のハギスを食味できたことは思いもよらない〝事件〟だった。

ハギス（Haggis）とは、スコットランドの叙情詩人ロバート・バーンズの「ハギス讃歌」で知られるスコットランドの家庭料理で、羊の臓物を使うもの。羊の肝臓や心臓などの臓物を刻み、オートミールやコショウ、塩とともに胃袋につめ、長時間ゆであげる。まあ、ソーセージの土手鍋のような感じで高級メニューとはほど遠いのだが、なぜかスコットランドでは、これが〝神聖な食物〟として崇められている。質素を旨とするキリスト教の食の教えなのだろうか。

ハギスをいただくには詩の朗読、楽隊の演奏などの儀式がある。

ロンドンの友人から不思議なハギスの話を聞いて以来興味を抱き、一度食味したいと思いスコットランドまで行ったことがあった。

ところがエディンバラのパブで出会うスコットランド人たちは、ハギスの話をもちかけると、一瞬目をドロンとさせて、まるで我が子を褒められた親馬鹿のような顔になるのだが、いざどこでどのレストランで？　と聞くと、「近頃では食べたことはねえな」とか、「前はあそこの店でも出していたんだがなぁ」と、とたんに歯切れが悪くなるのであった。

ハギスは本場スコットランドでは、もはや幻の郷土料理となっていた。

せいぜいお目にかかるのは、フィッシュ・アンド・チップスの屋台やローカルパブでの名前だけのハギスで、それは単なる羊肉の腸詰だったりした。正式な、詩の朗読、楽隊つきのハギスはもはや幻かと諦めていたのである。

かつて作家の故C・W・ニコル氏をインタビューしたとき、ハギスの話をしたら、ウェールズ生まれの彼でさえ、ハギスの名は知っていたものの、故国でその実物を味わったことはなかった。初めて食べたのは、日本のテレビ番組でスコットランドを訪ねた折のこと。番組の演出だったそうな。スタッフが現地に特別依頼してハギスを作ってもらったらしい。

## スコットランドのハギスを味わう

北と南が逆さまのニュージーランド、しかも歴史の浅い開拓地で、本場のハギスを食味できるとは夢にも思わなかった。

ところはダウンタウンの中心街近く、アールデコ調の古いビルディングの二階、その名も由緒ありげなレストラン「サボイ」である。

ハギスをいただく〝儀式〟とは、まずは詩の朗読があり、次に男子が数人、タータンチェックのスカートをはいてバグパイプを演奏し、最後に黒いロングスカートを着た女性がスコッチウイスキーを配るというもので、伝統的な作法だという。民族衣装は正餐の身だしなみとして理解できても、詩の朗読と音楽演奏が必ず必要だという料理が一体、世界のほかにあるのだろうか？

しかも、料理はたかだか羊の臓物の胃袋づめ、屋台料理のようなものなのだ。遊びなのか、真面目なのか、見当がつかない。

さて、私の長年のハギスの夢は、スコットランドを遠く離れたこの地球の裏側、ニュージーランドのダニーデンではじめて叶えられたというわけだ。

裁判官のような衣服をまとい、かくしゃくとした老紳士が枕程の大きなハギスのかたまりを敬々しく捧げ、バーンズの詩を朗読する。そのあとバグパイプの楽士たちがスコットランド民謡を仰々しく奏でながら客席を回る。そして美しき金髪のこれまた正装の老女がそれに続き、スコッチウイスキーを瓶から客たちにふるまう。

祝福された私の目の前で、ハギスはカットされ、ひと切れのハギスに大皿に盛られマッシュポテトがそえられた。

しかし、味はなんとも表現できない。こ、これが、私の長年夢見てきたあのほんもののハギスなのか？　一度試してみてください、としか言いようのない味なのだ。

和食の納豆やみそ汁、鮒ずしやクサヤも外国人にとってはなんとも表現できない味なのだろうと思う。他国の歴史や民俗に培われた独特の味覚を理解するには、やはり大いなる時間と教養が必要のようであった。

## ハンギ料理のウナギを味わう

ニュージーランドはもともと先住民のマオリ族の国だった。イギリス人がやってきて植民地としたのは一八世紀になってからのこと。マオリ族ははるばるポリネシアから大型の丸木舟を操ってやってきていた。九世紀のことだ。

その頃、島には体長三メートルもの巨大鳥、モアが繁殖していた。とにかくヘビやイタチなど天敵がいない平和な島だったから、モアやキウイなど翼がない鳥でものんびりと暮らしていたわけである。

マオリ族はたちまちモアやキウイを捕獲し食べ尽くしてしまった。モアは白人が入植する前に絶滅してしまったし、今や国鳥となったキウイはご存じのように絶滅寸前である。最近、日本で養殖しているダチョウの肉は結構おいしいから、モアやキウイもさぞやうまかったに違いない。

さて、マオリ族のハンギという民族料理を紹介しよう。

地面に穴を掘り、たき火をして、その上に石をのせる。十分に焼けた石の上にザルや籠を置き、食材を並べる。その後、石に水をかけ、覆いをして石から出る蒸気でふかす〝蒸し料理〟というわけだ。

各地のホテルでは〝簡易ハンギ〟というべく木箱の下から蒸気を当てて、蒸しまんじゅうの要領で郷土料理として出している。食材はカラス貝やタイやカウアイ（スズキの類）などの魚介類、イモ類、鶏、豚肉など。料理は脂肪を使わないので、あっさりとしているが食材の旨味が十分生かされておいしい。

なかでも美味なのはウナギだ。ニュージーランドのウナギはオオウナギで、すべて天然モノ。体長は一メートル以上あり、美しい渓流に住んでいる。釣りをしに山に入ると、巨大な黒い得体の知れない生物が悠々と泳いでいるので、一瞬ヘビか魔物か！　と驚くが、それがオオウナギの正体なのである。

マオリ族はウナギが滋養に富み、美味であることを知っていた。白身の肉は舌上でトロリと溶けて、まろみがありサクリとした天然ものの歯ごたえがある。炭火で軽く焼き色をつけて、タレをつければ最高の蒲焼きとなるはずだが、こちらではそのまま塩、コショウでいただく。

淡泊ながら味わいは深い。さすがウナギ！

こちらは逆さまの味ではなかったが。

# 第3章　中国、アジア

北海道　ジンギスカン

韓国　焼肉

マカオ　豚料理

# 1 中国三都食物語 ▼洛陽、西安、北京

## 洛陽の老城歩きを楽しむ

中国洛陽へ行った。

洛陽は「九朝古都」と言われる歴史の王都。紀元前七七〇年頃の東周からはじまり、後漢、魏、西晋など歴代の王朝の都だったところだ。隋の時代、遣隋使の小野妹子が時の皇帝、煬帝に聖徳太子の書を届けたことで日本でも知られている。

市の中心にあり、かつての王城の面影を偲べるのが老城だ。

麗京門から入ると、狭い道の両側に間口二間ほどの小さな店がひしめくように並んでいる。どれもが灰色の壁に紅殻《べんがら》の窓や扉。古い中国もかくありなんといった城下の雰囲気を伝えている。

飲食店の看板の文字に引かれた。

「麦当労」がマクドナルド、「肯徳基」がケンタッキー・フライド・チキンはご存知かもしれないが、「病狂烤翅」とは？　これは鶏の手羽焼きで、病狂とは病みつきになるほど

のうまさ、の意味だとか。ちなみに辛さには三段階あり、BTは激辛、ETCは中辛、BBQは普通味なのだそうだ。BTを頼んだら舌がしびれるほど辛かった。

「撒尿牛丸」はミートボールで、撒尿は独特の香りだそうな。うーむ、何だか匂ってくるではないか？

「麻辣串」は羊肉の香草串焼きで、麻はサンショ、辣はトウガラシ（香辛料）をさす。麺類では「撒麺」は手打ち麺のこと。「漿面条」は醬油味のラーメン、「米粉」はビーフンのこと。「魏記面館」とは麺類食堂。面は日本でいう麺である。魏記という人が創業した店のようだ。

漢字で店を想像しながら歩くと、町歩きも楽しい。

さらに「中国移動」は国営の携帯電話会社、「二元超市」は二元（約四〇円）均一のスーパーマーケット、「浴池」は銭湯で何となく分かるが、さて「精修鈡表」とは？　答えは時計の修理屋だった！　古都ならではの店だろう。今どき時計は使い捨ての消耗品だ。「殷氏喉科」は耳鼻科の医院。殷は医師の名で、日本流では「殷耳鼻科」というところ。「海燕装飾」はインテリアショップ。「告廣画書」は表装店。「玻璃店」はガラス店。「天使蛋糕」は菓子屋で西洋風のケーキを売っていた。日本風では、さしずめ「エンジェルケーキ店」というところだ。

面白いので看板写真を撮っていたら、「妊科診療」の女医さんに声をかけられ、待合室に通され、白湯をふるまわれた。以前、日本に旅行したことがあり、おもてなしを受けて感動したので、そのお返しにわれわれを歓迎しようというわけだった。

「共産党のお偉いさんが着任して、街づくりを提案してね、市も助成金を出して、民家や石畳の道を復元したんですよ。今じゃ外国人観光客に人気ですね」

五〇歳を少し越えたという劉玉蘭さんは、もともと精神科医でノイローゼや精神病が専門なのだが、そればかりではなく中年の更年期障害の患者も診るし、頼まれれば中絶手術もするという。いきなり「中絶」という言葉を聞いて驚いたが、中国は一人っ子政策があった頃、中絶は一般的なことだったらしい。

「小紅米linen店」に入る。小さな汚い店だが、路地に漂うなんともおいしそうな匂いにつられた。大きな鉄鍋を店先に出して麺を炒めており、注ぐ醬油の焼け焦げる匂いが食欲をそそる。やっぱり日本人は醬油である。

看板には「水餃子、炒面、手工面」とある。海水浴場にあるような季節食堂という感じの店で、テーブルとイスが置かれてあるだけ。夫婦二人で忙しそうに立ち働き、つけっぱなしのテレビでは香港のスパイ映画が放映されていた。

手工面と水餃子を頼んだ。手工面とは日本で言えば手延べ麺のこと。日本の「温《うー》めん」

に似ているが、細い麺で具は赤唐辛子とピーマンだけ。水餃子は小振りだが、豚肉がたっぷりと入っている。量は日本の食堂のゆうに三倍はあり、一人ではとても食べきれない。それで全部で一五元（約三〇〇円）だから、信じられない！　帰り際に思わず「謝謝《シエイシエイ》！」と声が出てしまった。

洛陽は当時シルクロードの起点であり、終着点でもあった。

「シルクロードにちなむものは、ないか？」

と、同行ガイドの王さんに探してもらった。

「あった、ありましたよ！」

と、息をはずませて王さんが戻ってきた。

王さんが見つけてくれたのは、「絲綢寿衣」の看板の店だった。

ところが絲綢はシルク（絹）の意味だが、寿衣とはなんと経帷子《きようかたびら》のことだった！

この店は葬儀専門衣装店で、死者に着せる絹衣を売っていた。絹の通商の時代はすでに終わっているが、真紅や黄や紫などのきらびやかな衣服には、いまだ絹への憧れが残っていた。

人が彼岸に旅立つ時、高貴な絹の衣装で飾られるのだった。

## 西安の火鍋

西安は市街地に六〇〇万の人口を抱える大都会だ。

一歩、街に入ると巨大な現代建築と車の洪水に驚かされる。街ゆく人々もここでは垢抜けしており、ドレスシャツやジーンズなど西洋風のファッションに身を包み、ブランドショップ街をそぞろ歩く。都市感覚は東京とさほど変わらない。

西安はかつての長安で、前漢の時代から二〇〇〇年以上の歴史を刻む中国の古都である。とりわけ最盛期の唐の時代には、太宗（李世民）、則天武后、玄宗、楊貴妃、安禄山など激動の時代に生きたヒーロー、ヒロインを生み、そのロマンが語り継がれている。しかし、今、この大都会で唐時代の面影を探すのは難しい。

東西南北の大街（メインストリート）が交差するロータリーには、威風堂々とした鐘楼が建ち、歴史を感じさせるが、その鐘楼も、隣接する古風な鼓楼も、周囲を固める城壁もみな明時代（一四世紀）のものと知ってがっかりした。

周辺でひときわ目をひくのは「徳発長」と大書された四層の巨大な木造建造物で、こちらは西安名物の餃子の店。その隣のやはり巨大な「同盛祥」という古風な建物も西安名物の「羊肉泡饃（羊肉スープ）」の店。現代の西安はどうやら巨大飲食店に占領されているようである。

麗《うるわ》しの盛唐時代の面影を残すものは、城外にそびえる大雁塔と小雁塔しかない。

大雁塔は市の南東にあり、遠くからその孤高の姿は眺められる。近づくにつれその古色蒼然とした威容が立ち現れる。周辺は整備された公園となっており、観光バスの出入りが激しい。とりわけ素晴らしかったのがトイレだった。中国のトイレ事情はひどかったが、やはり時代が変わったのか、今は水洗ピカピカ、自動手洗い手拭き付きの立派なものだった。

大雁塔は玄奘三蔵（六〇二〜六六四）が二二頭もの馬に乗せてインドから運んできた経典を収めるために建てられた仏塔で、いわば図書館である。

玄奘は日本では三蔵法師の名で『西遊記』の主人公として知られている。シルクロードを伝いインドへ向かい、彼国から多くの仏典や仏像を持ち帰った。その貴重な経典の保存の場として大雁塔は建造された。玄奘はここに居住し、多くの弟子たちに囲まれて、日々経文に向かい膨大な量の翻訳に励んだという。

公園の中央広場には玄奘像が建てられている。宙を見つめる鋭い眼光、一文字に結んだ口元に、はるか天竺への旅の決死の覚悟がみなぎっているようだ。

一方、小雁塔は大雁塔が建てられた半世紀の後、七〇七年に都心に近い薦福寺の境内に建てられた。大雁塔に比べると、こちらは静かな住宅地にあり、規模は小さいが、庭や鐘楼などに落ち着いた閑雅な雰囲気がある。薦福寺は義浄（六三五〜七一三）ゆかりの寺で、義浄は玄奘と同じく仏典を求めて、単身ペルシアの商船に乗り込み、海路でインドネシアやインドなどをめぐり、サンスクリット語の多くの経典を持ち帰った。

現在の西安は、鐘楼を中心に東大街、西大街、南大街、北大街と十字路をなし、繁華街は西に集まっている。

エキゾチックなペルシアの美女たちが長靴を履き、金髪をなびかせて街路を行き交い、ウイグルの女たちが琴を手に踊りを舞う――そんな爛熟した国際都市の片鱗をうかがえるのは、化覚巷と呼ばれるアーケード街とイスラム寺院の清真大寺周辺だ。

くねくねした狭いアーケード街には土産物屋の屋台が密集して並び、「安いよ！」「買って！」の日本語が飛び交う。漢人の商人が多いが、なかには青い眼の西域美女の売り手もいる。空海や阿倍仲麻呂もこうした店をからかいながら、異国情緒を楽しんだのだろうか。

街歩きで見つけたのが「火鍋」なる看板。あちこちにあり、どうやらこの土地の名物料理のようで、とある店にふと入った。

火鍋とは、いわば「しゃぶしゃぶ」のようなもので、大きな銅鍋に白濁したスープを満たし、下からガスで加熱する。グラグラと煮え立つスープのなかに羊肉や野菜、豆腐などを入れて、フーフー言いながら食べるのである。

日本と違うのは、具を自由に選べること。野菜、きのこ、肉、麺など素材が五〇種くらいあり、スープ、鍋は無料、素材のひとつずつに細かく値がついている。さすが本場で、最後に入れる麺などは極細、太麺、きしめんのように平たいものなど麺だけでも一〇種類くらいあった。

店内は勤めを終えた男たちや家族で混み合い、湯気と人いきれでむんむんと熱気が漂う。おまけに火鍋の熱気、トウガラシの辛さが加わり、中国人パワーに圧倒される。中国では夫婦共働きがほとんどなので、夕食は一家団欒の外食が多い。身が温まり、栄養満点の鍋料理はそうした人たちに人気のようだ。もとは成都の名物料理で遊牧民が伝えたものだという。

ただし、こういう庶民的な店では日本語はほとんど通じない。

あれこれと、四方のテーブルに出された料理を指さして頼むことになり、十分なサービスなど期待はできない。でも火鍋二人前とビール二本で嬉しくなるほどの安さだった。団体ツアーではこうした大衆食堂はほとんど案内されないが、「郷に入れば郷に従え」の気持ちで、勇気を出して入ってみたい。

## 北京、やはり本場ダックを食べなくては

北京は巨大都市だ。高層ビルが並び建ち、高速道路には外車がひしめき、新幹線が縦横に走り各都市を結んでいる。かつての悪名高き大気汚染もかなり改善されてきた。

この一〇年間で中国はすっかり変貌した。江沢民、胡錦濤の頃はまだ社会主義国として発展途上国の貧困がつきものだったが、習近平の時代となって一気に高度経済成長に成功した。

今や中国の中産階級は世界のトップクラスである。四〇歳台のエリートたちは、高級マンションに住み、外車を乗り回し海外へ豪華旅行を重ねている。

もはや一〇年ほど前のことになるが、北極点まで行った時のことだ。

ロシアの旅行社の招待を受けての取材旅行であった。北極海に面したムルマンスクから原子力砕氷船（通常は国の気候観測船として使っている）をチャーターして北極点を往復した。参加費用はひとり一週間（往復、三食付き）で二〇〇万円！　という途方もない価格。こちらは招待だったからよかったものの普通の人は一生かけても行けないところだ。まぁ命をかけての探検家しか行けない北極点まで旅をするのだから、高額なのは致し方ないと思うが、果たしてどんな人たちが乗っているのか。

世界中から募集して乗船客は八〇人限定である。ところが集まった乗船客のうち半数が中国人だった。しかも新婚カップルや子連れの家族でひとり者などいない。彼らはすべて自費で乗船しており、一家族ならば一〇〇〇万円近く払っている。中国人の富裕層の実力に驚いたものだった。

一週間の船旅では時々アトラクションが催され、オークションが人気だった。船長の帽子、航海地図、レストランの紅茶カップなどがロシア人クルーから提供された。中国人らはそれらを平気で三〇万円、五〇万円で落札した。金をもてあそんでいるような雰囲気があった。

乗客は一見したところではフツーの新婚や家族だ。とりわけブランドものを着込んでいるわけでもなく、スーツやロングドレスをお召しになっていることもない。ジーンズやジャンパーなどきわめてカジュアルなどこにでもいる人たちに見える。ところが財布のなかにはドル札がぎっしりと入っているのだろう。

さて、金満国としてすっかり変貌した中国、北京でのことだ。

北京料理といえば宮廷料理ということになるのだろう。そもそも北京は元、清の都で、北方、東北地方のモンゴル人や満州人が築いた都だ。その時、各地方の料理を集結し、宮廷料理として洗練したものが「北京料理」といわれる。

その代表が北京烤鴨（ペキンダック）だ。

アヒルの内臓を抜き、皮に糖稀（水あめ）を塗って味を沁み込ませ、乾いたのちに炉に入れてパリパリに炙り、その皮だけを削ぎ取り、あま味噌をつけてキュウリ、ネギとともに薄餅で巻いて食べるというもの。皮だけを味わう、という特別贅沢な趣向の料理だ。日本でも専門店はいくつかあり賞味された方も多いだろう。

かの有名な天安門広場でのことだった。

同行カメラマンと取材の最終日を北京で過ごしていたが、旅の締めくくりを北京烤鴨（ペキンダック）で祝おうということになった。そんなに高くなくて、おいしいという穴場の店を現地ガイドに教えてもらいメモをとる。ところが飯店の字だけは読めるが、正式な店名は崩れた字で分からない。

「大丈夫、タクシーの運転手に見せれば連れていってくれるから」

というわけであった。

ところが、天安門広場付近は駐車禁止のようで、空車は見つからない。お上りさんばかりで、人にきいても乗り場が分からない。あちこち探して困っていたら、「プッ、プッ」とまるで半世紀も前のミゼットのような三輪タクシー（オート・リクシャー）が月光仮面のように現れたのだ。運転手は年増のおばさん、そのおばさんが小窓から顔を出して、

「乗れや！」という仕草だ。

店の住所を書いた紙を見せると、

「ハオ、ハオ。知ってるから案内してあげる」

と、愛想がいい。

ところが運賃を尋ねると、なんと八〇元！（約一六〇〇円）。タクシーの基本料金が一三元（約二六〇円）だから、とてつもなく高い！

「とても高い、いいよ」と断って場を離れた。

すると、後からまた「プッ、プッ」と近寄ってきて、

「五〇元でいいから」

仕方なく乗った。

この改造三輪バイク、道路交通法上、違法かもしれないが、タクシー事情の悪い北京では市民の足になっている。断っておくが話は一〇年前のことだ。今度のオリンピックでは自動ロボタクシーが登場したというから現在の北京ではもう幻のクルマだろう。

さて、おばさんは「さくら、さくら」などと日本の民謡をうたいながら運転し、値切られた割に機嫌がいい。

「さあ、着いた」と言われて降りると、北京烤鴨の専門店には違いないが、かの有名な

「全聚徳」（王府井店）だった。

本店は、前門大街にあり、創業が確か一八六四年という老舗である。以前行ったことがあったが、楼閣のような構えで料理人が目の前で皮を削いでくれた。年間三〇〇万羽のアヒルを五〇〇万人の客に提供するという国際的なレストランだ（日本の銀座、六本木にも支店がある）。

指定した住所も異なっており、「ちゃんとこの店に連れて行ってくれ」と再度要請したが、さてさて、おばさんは、「ここの鴨が一番やから間違いあらへん」（関西弁ではないのだが、そんな雰囲気）と譲らない。

仕方なく妥協して運賃は二五元で決着した（タクシーならば、とても基本料金では行けない距離だ）。

ところが、この王府井の「全聚徳」、店の雰囲気はカジュアルで、店員のサービスもよく、半身のメニューもあって経済的、味は本店と変わらず大満足！　同行のカメラマンも大喜び！　で、またたく間に紹興酒が二本空いてしまった。

さんざん値下げして、三輪バイクおばさんが少しばかり気の毒になった。後で思えば、本当は親切な人で、外国人観光客にははずれのないもっとも的確な店を案内してくれたのだろう。

# ２　シルクロードを食べる　▼新疆・シルクロード

## 黄河の街、蘭州

蘭州は河西回廊への入り口である。

シルクロードの旅人はこの町から西へ、見知らぬ砂漠の地平をめざした。海抜一五〇〇メートルの黄土高原の片隅に開かれた町は、市街地の中心を黄河が流れ、西域へと向かう旅人はここで旅装を解き、長旅への思いを新たにした。

現在の蘭州は現代都市である。人口は三八〇万人。精油や紡績の工場が集まり、林立する高層ビル群と工場の煙突からの煙、大都会の喧噪にここが西域への入り口か、と驚いてしまう。

町は東西に細長く、黄河をはさみ南北から山が迫り、市街地の幅はわずかしかない。中心は天水路と東崗西路が交差する付近で、ホテルやデパート、食堂などが建ち並ぶ。

かつてはアカシア並木の落ち着いた美しい街路だったが、今はタクシーやバス、乗用車などの車のラッシュだ。市中に点在するモスクの丸いドームや「清真食堂」（イスラム教徒の食堂）の看板だけが、かつてのシルクロードの面影をしのばせる。

蘭州は市中を黄河が流れる。

青海省の山中に発する黄河は、長江につぐ中国第二の大河で、全長五〇〇〇キロメートルを超える。汾水、渭水、洛水などの支流を集め、広大な中国の大地をへめぐり渤海湾に注いでいる。蘭州では周辺の黄土を含むためか濁りはあるが、なみなみとした水量をたたえて流れている。やはり川の流れる風景は気持ちがいい。

法顕も玄奘三蔵も黄河を渡り西へ向かった。長大な河であるが意外に都市部に流入するところはなく、そういう意味では蘭州は特別な町である。

黄河にかかる中山橋を渡り、白塔山に登る。

市内を一望できる山寺で、市内に分散していた歴史的な仏教寺院を集めた観光名所だ。中腹にある赤い壁の美しい寺、法雨寺は尼寺で文革の時破壊されたが、その後再建された。山門をくぐると竹箒をもった作務衣姿の尼僧がひとり掃除をしており、塵ひとつない中庭がいかにも清潔さを感じさせる。社会主義一辺倒だった中国も少し趣が変わってきている。

頂上にそびえる白塔（仏舎利塔）は上部が中国様式、下部がネパール様式という不思議な形をしている。かつてチベットからチンギス・ハーンにより招かれた高僧がこの地で客死したのを悼んで建てられたという。境内は広く、人影もなく、清々しい。この白塔は市内のどこからも眺められ、蘭州のランドマークともなっている。

一方、市の南方にある五泉山公園は、その名の通り、甘露泉、掬月泉など五つの泉がある。前漢の武将、霍去病が匈奴との戦いの折、兵と軍馬の飲み水に困り、この地の山肌に剣を突き刺したら、そこから水が湧いたという伝説が残っている。

公園からは蘭州の中心部、仏教寺院やモスクが見渡せ、その先に黄河が流れる。山腹に点在する寺々は、かつて文革の頃は学校として使われたが、今は公園の一部として市民に開放され、縁台で麻雀をして、お茶を飲む老人たちの憩いの場となっている。

## 蘭州の牛肉麵

さて、蘭州の名物は牛肉麵だ。正確には「蘭州牛肉拉麵」といい、食べさせてくれる店は市内に三〇〇〇軒以上あるという。

市内張掖路にある、とある専門店に入った。

目の前で職人がみごとな手延べ麵の実演をしてくれる。麵は極細麵、細麵、中太麵、三角麵、帯麵など種類が多く、注文に応じて両手で延ばして麵をつくる。まるで手品師のようだ。

蘭州牛肉麺の特徴は「一清二白三紅四緑五黄」といわれ、スープが「清」（澄んでいる）、白は薄切りの大根、赤い辣油がたっぷりとかけられ、緑は香菜あるいは葉ニンニク、麺が黄色いことだという。

イスラム教の清真料理でもあり豚肉、豚脂肪は一切使わない。スープは牛骨と牛肉からとり意外にあっさりとしており、真っ赤なトウガラシの辣油が辛味をつける。スープは熱く、牛肉の乾燥肉と薬味の葉ニンニクがたんまりと添えられて味は上々、すんなり胃のなかへ収まった。

ひさびさに感動した。香辛料で煮込んだ味つきの牛肉は柔らかくて深みがあり、葉ものが爽やかだ。麺は柔らかいがコシがあり、ついお替わりがしたくなった。東京でも最近本場の店が進出しており人気のようだ。

中国旅行を経験した方ならお分かりだろうが、実際、中国のラーメンは期待するほどおいしくはない。麺は太麺、細麺、平麺と種類は豊富で、製麺法も手延べ、刀削など技術の差はあるが、麺は一般的に柔らか過ぎてコシがない。スープもほとんどが生ぬるい。そういう意味では、蘭州の牛肉麺の麺にはむっちりとしたコシがあり、スープはアツアツ。ラーメンはやはりふうふう言って、つるつると口に押し込み、わしわしと歯ごたえがなければおいしくない。

中国では、黄河と長江の間を東西に流れる淮河《わいが》を境に北方が小麦、南方は米の産地と分かれている。淮河の北にある黄土高原では小麦の栽培が盛んで、蘭州は麺の故郷ともいわれている。もともと小麦はメソポタミアで栽培され中国に伝わった。唐の時代、中国では製麺技術が発達し、小麦から麺がつくられシルクロードの商人らがイタリアへ持ち帰りスパゲッティになったという話は前述した。小麦の種子が故郷へ帰った時は麺に化けていたというわけだ。

ラーメンはやはり日本が一番おいしい。

これまで中国各地、香港、台湾と本家のラーメンを食べてきたが、印象深いのは蘭州の牛肉麺くらいで日本のラーメンに勝る味はどこにもなかった。日本のラーメンは麺の種類や手延べなどの技法は乏しいが、スープ作りや具の種類など日ごとに進化している。日本では主食に近い形で取り入れられ専門店が努力しながら味を成熟させたのに対し、中国ではラーメンはあくまで前菜のスープであり、もしくは副菜の一つに過ぎず専門店が生まれなかったからだと思う。

日本のラーメンのルーツは華僑居留地（今の横浜中華街）の「柳麺」の屋台だといわれている。明治末期に、浅草に支那そば屋の「来々軒」が開店、ここから東京の醤油ラーメンがはじまった。焼豚、メンマ、海苔、ねぎ、鳴門が定番の日本のラーメンは、中国にはない。

ついでに言うと冷やし中華も日本のオリジナルだ。ラーメンはカレーライスと同じで日本で特化、進化した食べものなのだ。

## ウルムチの〝地鶏街道〟を行く

シルクロード、天山北路の宿場町だったウルムチ。今は政府の「西部大開発」の後押しにより高層ビル群が並び建ち、三〇階建ての摩天楼が砂漠のなかに現出している。二一世紀のシルクロードは大変貌した。

ウルムチ・グルメの新名所は、市の郊外約三〇キロメートルのカイウォープ地区だ。国道の両側に「大盤鶏料理」の専門店がズラリと並んでいる。なんとその数九〇軒！日本のラーメン横町などせいぜい五〜六軒が並ぶだけだが、その数からすれば、中国のスケールの大きさが分かろうというものだ。ここはウルムチのまさに〝地鶏街道〟なのである。

名物の「大盤鶏」とは、新疆の回族（イスラム教徒）の家庭料理で、鶏をまるごと一羽使うという豪快な料理だ。鶏をそのままブツ切りにして、中華味噌だれとスパイスを加え、ジャガイモ、タマネギなどの野菜と一緒に大きな中華鍋に放り込み丸ごと煮込む。

ダイナミックで、シンプルな料理だが、プリプリのもも肉ややわらかい胸肉、心臓、砂肝などの内臓ももれなく入り、滋養豊かで豪快そのもの。もともとこの附近は「風庫」と呼ばれる風の通り道で、近くに湧水のある湖があり、周辺には地鶏を飼う農家が多かった。その地鶏の旨さが評判となり、九〇年代初めに一軒が二軒、二軒が三軒と自然発生的に増えていったらしい。

国道沿いなのでドライバーや観光バスが停まり、昼食をとるには便利なロケーションである。一羽で五〜六人分あり、日本ではとても考えられない値段。おまけに深夜まで営業しているから、ウルムチへいったらぜひ立ち寄ってみたい。

## カシュガル、シルクロードのスパゲッティ

カシュガルは中国の最西端、この町もシルクロードの要衝で、町の中心、人民路と解放路の交差点は「東西の十字路」と呼ばれる。そこに立つと東は西安へ、西はインドへ、南はチベットへと、まさに東西通商の道が交わる。

ロシアとの国境も目の前にある。旧ソヴィエト連邦の頃は、国境は堅く閉じていたが、今はビザさえあれば、北は中央アジアのカザフスタンへ、あるいは南はクンジュラブ峠を越えてパキスタンへと旅行者でも越境できる。シルクロードの辺境がいきなり近くなって

いる。

　ここ新疆地区は特殊なエリアだ。

　もともと遊牧民の暮らす地だったが、清の乾隆帝時代にモンゴルとウイグルを平定し、新しい領土という意味で「新疆」と名づけた。古代より遊牧民と漢民族が戦った長い歴史がある。

　驚いたのは〝時差〟があることだった。北京の標準時間がすべての中国を統一しているが、ここ西の果て、新疆は実質二時間の時差がある。それでこの地に住む人々は独自の〝新疆時間〟を使っている。中央政府への抵抗も意識下にあるからかもしれない。

　カシュガル市街の人口は約四〇万人。その八割がウイグル人である。ウイグルはトルコ系遊牧民でイスラム教徒。今なお民族問題は根強く中国からの分離、独立をめざしており、それを抑えようとする中央政府との間の人種差別、同化政策が問題視されている。人種、宗教、歴史も違うウイグル人のエリアへ入ると、いかにも西域へ来たという実感が湧く。カシュガルにはカザフ人、タジク人、モンゴル人など多彩な人々も住んでいる。

　シルクロードの楽しみはバザールだ。

　青空の下の露天市場には食品や生活物資、衣類、道具などが売られており、人々が集まる路上デパートといったところだ。驚いたのは道の左右で漢人の店とウイグル人の店が真っ二つに分かれていることだった。ウイグル人がイスラム教徒なので、豚肉が御法度だから両者は自然に分かれてしまったらしい。そぞろ歩くと、片方からは焼豚や餃子の匂い、反対側からはシシカバブを焼く煙やサムサの匂い。さてどちらの露店に入ろうか、と大いに戸惑うことになる。

かつて唐の都、長安では「胡食」が人気だった。「胡」とはエビスの意味でペルシアをはじめ西域に住む外国人のことを指した。胡椒、胡麻、胡瓜など「胡」に由来する食品も多い。

さて、ウイグル人の店でラグメン（拌麵）なる麵を食べた。

ラグメンとは羊肉とトマトの汁なしぶっかけうどんといったもので、大皿に手延べうどんが盛られ、その上に羊肉、トマト、セロリ、ピーマン、タマネギ、ナスなどの野菜が炒めてトッピングされている。熱気が冷めやらぬ夏の夕べにはかっこうの食べものだ。麵はしなやかでコシがあり、むっちりとした歯ごたえがある。

冷たいうどんがさわやかに喉を通り、羊肉が活力をつけ、野菜がビタミンを補給する。

店主はこちらを旅行者と見て、箸とフォークの両方を用意してくれた。

不思議なことに箸を使うと大陸風の麵となり、フォークで食べるとまるでスパゲッティとなった。スパゲッティのルーツはひょっとしたらこのラグメンかもしれない。

## 夜市の楽しみ

夜のバザール、「夜市」も忘れられないシルクロードの思い出となるだろう。

陽が長い夏は午後一〇時頃からやっと暗くなる。その頃、シルクロードの町々の繁華街では夜市がはじまる。大通りや広場では屋台が並び、椅子や机が並べられ、たちまち夫婦や家族連れが集まってくる。

屋台からは羊肉を炙る匂いが漂ってくる。名物の羊肉串だ。羊肉を小さく切り分け、串刺しにして、炭火で炙るという単純なものだが、ジーレンという独特な香辛料が食欲をそそる。思わずビールが飲みたくなるが、生憎イスラム教徒の屋台では酒類の提供はない。そんな時は漢民族のお店へ行ってビールを買ってくる。広場の食卓ではそんな両刀使いを楽しみながら砂漠の夜を過ごすのだった。

お腹がへったらポロがいい。ポロはラグメンと並ぶウイグル料理の代表で、ウイグルのソウルフードといっても過言ではない。羊肉、千切りニンジン、タマネギを炒め、米と一緒に大きな鉄鍋で炊き込む。ピラフと同じようにオリエンタル風な味覚で、中国料理に飽きてきた方にはお薦めだ。

中華料理と言えば炒飯がすぐ頭に浮かぶが、ひょっとしてポロがそのルーツかもしれない。はたまたピラフ、パエリアも同じ系統の炊き込みごはんだ。などと考えると、シルクロードはまさに東西文化の融合の地であった。

食後のフルーツにハミウリはいかがだろう。ラグビーボールのように大きな黄色い瓜で、スイカのような爽やかな味わいがきっと、旅の疲れを癒してくれるだろう。

## 3　壮絶無比、ワイルドな野味を味わう　▼マカオ

### 食味体験は好奇心と勇気を

脚のあるものはテーブル、翼のあるものはヒコーキ、それ以外はなんでも食べる——といった広東人の食味文化には、鉄壁の胃袋、貪欲なまでの食い意地、さらに好奇心のカタマリ、百倍もの勇気を持たねばその味の魔窟には挑戦できない。

と、いくつかの本で書かれているような気がするが、春、三月、成田から香港へ飛び、香港で二、三日過ごした後、マカオへと足を延ばした。マカオには、アリクイやらフクロウを食べさせるというゲテモノならぬ正統派野味レストランがあるときいたからである。

食欲の権化たるわれわれ、私と同行した写真家のNさんは「聞き捨てならぬ」と挑戦を決意した。野味とは聞きなれない言葉だが、いわゆるザザムシや蜂の子などの珍味とは違い、分かりやすく言えば、〝野生動物〟を食べさせる料理店である。

アンチグルメというか、たまにはかような冒険をやってみたくなる。食にこだわる男の本能と言えばよいのだろうか。

香港からは、所要約一時間のターボジェット（高速船）で行った。

マカオは香港から七〇キロメートル離れ、珠江の河口に開けた町。もともとは舟を浮かべて生活する水上居民の漁村だった。広東省の広州に近く南シナ海に面している。

一六世紀の大航海時代、七つの海を制覇したポルトガル人が来航し、一九世紀の清代にここを植民地とした。以来一九九九年の中国返還までポルトガルが行政権をもち、アジアのなかで香港と並び東西文化が混融する極めて特殊な街として発展してきた。カトリックの聖堂や教会などポルトガル時代の歴史を留める文化財が多く残っている。返還後は中国の特別行政区となったが、今も公用語にポルトガル語が併用されている。

マカオといえばカジノ、あるいはマカオ・グランプリ（自動車レース）、ブランドショッピングモールなどが有名で、〝東洋のラスベガス〟と呼ばれ世界中から観光客が訪れるところだ。

マカオ港から乗ったタクシー（的士）の運転手は、英語がまったく通じず、こちらは中国語が全然ダメだから、どうなることかと思ったが、このあたりが世界を股にかけて旅するNさんの本領発揮で、

「漢字を書けば、分かるんじゃないかな？」

と、われらに共通の漢字が魔窟への道を開かせた。「飯店」、「珍味」、「空腹」とメモ用紙に書いて渡すと、どうやらわれわれの目的は分かってくれたものの、ところが「蟻喰」やら「梟」の漢字は運転手には理解できない。

さて、どう説明すればよいのか、筆談は諦めて〝画談〟となり、Nさんが幼稚なフクロウの絵を描いたが、梟の絵なんぞは、素人がそう簡単に描けるわけがない。ましてや「飯店」（レストラン）が目的で、動物園に行くのではないのだ。

陽気で冗談好きなNさんは、こんどは〝音談〟に移った。後部座席で両手をばたつかせ、梟の真似をして口を尖らせ「ホウ、ホウ」と、啼いてみせるのだが、運転手は運転しながらますます混乱するばかり。でも私たちの目的をなんとか果たしてくれようと、いろいろ質問してくるのだが、こちらは中国語がさっぱり分からない。会話は一方通行なのだ。でも人の良さだけは伝わってくる。いい運転手にめぐりあった。

しかし、窮鼠猫をかむって諺があるように、あれこれ試みるうちに、「蛇」の一文字が

すべての混乱を振りほどいた。フクロウやアリクイにこだわっていたから混乱してしまったのだ。運転手は、

「好（ハオ）！」

と、一声。

目的の中国料理店をめざし、猛然とアクセルを踏み込んだ。

## 野味の魔窟か、美味求心か？

外見はフツーの中国料理店だった。

しかし、店先には檻がおかれ、いるわ、いるわ。……蛇やら兎やら、狸のような小動物がうずくまっている。

東南アジアでは孵化寸前のアヒルの卵をゆでてそのまま食べたこと、南洋の離島ではオオコウモリのスープを飲んだことを思い出す。沖縄ではハブの塩焼きを食したこともあった。世界各地にはそれぞれ野の珍味があり、地元の人はどれもうまそうに食している。しかし、ここは本場中国の広州、勇気凜々で挑まねばならない。

さてさて、どんなものか、とメニューを眺めた。

まずは「野味類」の項目。野味とは英語でいうところのゲームディッシュ、つまり狩猟

獣、今流の言葉でいえばジビエだ。
一、生炊果子狸（ハクビシン）
一、生焼香肉（イヌ）
一、生焼穿山甲（センザンコウ）
一、紅焼野山猪（イノシシ）
次なる「蠍品類」の項目には、
一、猫頭鷹（フクロウ）
一、夜遊鶴（ツル）
一、鴇鴇（山ウズラ）
さらには、
一、百花五蛇丸（ヘビのミンチの丸揚げ）
一、八珍炒蛇片（ヘビのスライス炒め）
続々と動物園を檻から檻へと渡るようなメニューがあり、もうここは魑魅魍魎の魔窟か、妖怪の棲家か、と思われてくるのだが、店内はごくフツーの中国料理店で、明るくて清潔。客は三々五々、男性グループや家族が丸テーブルを囲み、食卓談義が華やかで、フツーの皆さんがフツーの食事を楽しんでおられる。なんとも賑やかで平和な中国の食卓風景だ。

ここで好奇心のカタマリと百倍の勇気を出し、猫頭鷹（フクロウ）と野味を二種注文する。

さてさて、どんな料理が登場するのか、興味津々、想像がつかない。

出てきた猫頭鷹は土鍋のなかに赤い骨付き肉が野菜と一緒に入り、そのまま炭火のコンロの上に乗せての煮込み料理だった。いわば前菜のスープである。マッタリとした汁に肉汁の渋みが解け老熟した味わいである。フクロウは森の知恵者と言われるが、なるほどこちらにたっぷりと知恵をつけていただけそうな濃厚な味わいだ。なにも怖がることはなかった。黙って出されればこれがあのフクロウだとは誰も気づかないだろう。

生焼穿山甲（センザンコウ）は、哺乳類ながら鎧のようなウロコで覆われていて中南米のアルマジロに似た奇怪な動物だ。アルマジロとおなじように長い舌をもち、蟻をなめとって食べるという。もはや絶滅危惧種に認定されており法的には禁猟だが、ここでは密猟獣の仕入れルートがあるようだ。漢方薬ともなり鱗や肉に薬効があるとされている。しかし、残念というかやはりというか今は品切れということなので、代わりに生炊果子狸（ハクビシン）と紅焼野山猪（イノシシ）を注文した。

果子狸（ハクビシン）は、最近は都内でも見かけるようになったが、本来は南方産の木の実や果物だけを食べて育つタヌキの類で、赤味噌仕立ての鍋で出てきた。素焼きの古い土鍋は味わいがあり、レタスを入れるのは新鮮だったが、炭火で煮るのはなんとなく日本の郷土料理のような雰囲気だった。要は「タヌキ汁」だ。

お、い、し、い。

肉塊はまったく臭みがなく、新鮮さのためか、骨片にしっかりこびりつくような野生の肉の強さと、脂肪の柔らかなまろみが共存している。ブロイラのように骨から身がポロリと落ちて、ガムのようにグニャグニャ嚙む肉とはまるで異質なのだ。レタスの生菜を肉塊に添えていただく。清々しい高原野菜が荒々しい山野の精たる禽獣の身を包み、さ迷える魂を鎮めてくれるようだ。

紅焼野山猪は猪肉の焼肉で、ネギが添えられていて脂身がやわらぎ、日本の猪とは違う風味でまたまたうまい。

最後は八珍炒蛇片を賞味。蛇のスライス炒めで、薄い蛇肉に炒め野菜が添えてある。さっぱりとした上品な味で、炒めた焦げ目に醬油をさすとさらに味は極まった。痩せた蛇のようだったが、知らずに食べれば鶏のささ身かと思うかもしれない。

店主にきくと、蛇は秋が旬らしく、春はまだまだ脂肪がのっていないとのこと。香港の蛇業者は中国各地から一年に五〇万匹も仕入れており、この店は香港の中継ぎ商から仕入れているという。

犬は晩秋から冬が旬で、やはり鍋が一番おいしいようで、元気がつくためマカオでは家庭でも食べるという。犬に旬があるなどとは知らなかったが、秋、冬には脂肪がのるらしい。まぁ、世界の愛犬家が知ったら、大変な騒ぎとなるだろう。

飛ぶものはヒコーキ以外、四ツ足はテーブル以外、の国なのである。猿も、猫も、蟻食も中国人にとっては医食同源。すべて滋養のもと、快楽、健康の源なのだ。野味料理は家禽に比べて滋養があり、精力がつき、病弱な人の健康回復や女性の産後の体力づくりに優れて効果があるという。

宇宙へと旅立つ時は、ボディーガードも通訳もいらない。ただ一人、広東人のコックを連れていこう。彼ならば、エイリアンでも、バタリアンでも、特別上等な〝珍味料理〟にきっと仕立ててくれるに違いない。

## 4 焼肉、刺身、ウナギ――元気の源は食にあり ▼韓国

### キムチとニンニクを食べなきゃ韓国は分からない

初夏の午後、友人と新大久保へ焼肉を食べにいった。

新大久保はまるでコリアンタウンだ。ソウルの町の片隅のようで、韓国語が飛び交い活気に溢れる。東京のど真ん中の異郷である。

ふと、韓国の旅を思い出す。

日本の伝統文化のほとんどは韓国にルーツがある。この国がまだ薄暗い文明の時代だった頃、大和朝廷が朝鮮半島から技術師集団を招いて帰化させ、養蚕、織機、土器制作などの技術を得たことは周知のことだ。

その後の豊臣秀吉の朝鮮進攻は、俗に〝焼き物戦争〟とも呼ばれている。出兵した諸将が彼地から優れた陶工を日本に連れてきたことから、陶磁器は日本各地で発展した。薩摩焼、萩焼、唐津焼、有田焼、九谷焼などはすべて李朝の陶芸技術を習得したものだ。日本特有の茶の湯の伝統はこうした素晴らしい焼き物があってこそ生まれた。

韓国料理といえば焼肉、冷麵、キムチといったところが定番だけれど、実際、ソウルへ行くと食のバリエーションには驚くばかりだ。

路地をぶらつくと、目につく料理だけでも焼肉、魚介類の鉄板焼き、プルコギ（肉と野菜のすき焼き風）、サムゲタン（鶏肉の煮込み）、チゲ（鍋）、クッパ（スープ鍋ごはん）、冷麵、温麵、チヂミ（お好み焼き）、キムパブ（巻寿司）、おでんなどがある。この国では毎晩料理店へ行っても飽きることがない。いずれも唐辛子やニンニクを大量に使ったピリ辛の元気の出る料理である。

韓式レストランに入れば、メイン料理の前に前菜がたらふく出る。キムチ、煮豆、出汁巻き卵、いわし、塩辛、ポテトサラダ、ナムル（野菜のおひたし）などなど。前菜、スープは無料である。酒飲みにはこれだけでも嬉しくなるばかりだ。

さすがアジアの韓国だ、と思う。欧米のように定番料理が決まっていて、毎朝、毎晩、同じ食材、同じ料理法という枠にはまらないのがアジアの食の底力だ。

さて、お目当てのコリアンバーベキュー（焼肉）は、大抵のレストランでのメインフードだ。カルビ、ロース、骨付きあばら肉やタン（舌）、内臓（レバー、心臓、胃、腸）などとことん部位を使い、選択種の多いことも嬉しい。あばら肉など目の前でバリバリと骨ごと肉を切り分けてくれて豪快だ。

大陸と地続きの韓国では四世紀後半に仏教が伝わり、日本と同じく肉食が戒められた。その後、儒教の国となり緩和されたが、肉食は元の時代、モンゴルの影響だといわれる。モンゴルの肉食文化を取り入れて韓国の焼肉は発達した。日本よりも肉食の歴史ははるかに長いのである。

また肉と同時にいただく野菜、根菜類の種類の多さは嬉しいばかりだ。

世界で一番野菜を食べる国といわれる韓国の食卓では、ニンニク、カボチャの葉、大豆の葉、水菜、高菜、サンチュ（レタスの一種）、タマネギ、青唐辛子など野菜類は必ず出される。肉料理は肉をサンチュやサニーレタス、エゴマの葉で包んでいただく。肉を食べるなら、同時に野菜を、と言いはじめたのは世界の流行だが、韓国ではその昔から野菜をたっぷり食べることが伝統だった。

## 鮮魚の刺身は済州島へ

焼肉は食べたけど刺身はあるの？　となれば済州島《チエジユ》がメッカである。

済州島はソウルから国内線で約一時間、東シナ海に浮かぶ〝韓国のハワイ〟。日本からも直行便がありビザなしで行ける東海の楽園だ。

離島に降り立ち、市街地を離れると、そこには桃源郷ともいうべき古い郷愁の村々が残っている。かつて日本中のどこでも見られた茅葺き屋根の家や土塀が残され、農民や漁師たちが元気に働き、子供たちは泥道で汗をかいている。

めざすは北海岸の済州港近くの塔洞地区。ホテルや広場がある一角に海鮮料理店が道の両側にずらりと二〇軒ほど並び、通称「刺身通り」と呼ばれている。いずれも料理店というよりは、サカナ屋、あるいは居酒屋ふうのたたずまいで、高級料理店は望めないが、しかし、いきのいいサカナはお任せ、といった気負いがみなぎり、グルメの嗅覚を刺激する。

素朴なコンクリートの生簀をのぞけば、いるわ、いるわ。イカ、タイ、イシダイ、ヒラメ、アナゴ、メバルなど、まるで水族館のようだ。

魚種はタグムバリ（アラ）を除いて、日本の鮮魚店とさして変わりはない。島にはその昔から海女がおり、アワビ、サザエ、ホヤなどもふんだんに市場に揚がってくる。

ついでに言えば、日本の海女の発祥は九州、宗像市鐘崎地域といわれる。『魏志倭人伝』に出てくる素潜りの漁民たちだ。宗像は古代から大陸と大和を結ぶ海上の要地で朝鮮国とは所縁が深い。

韓国には昔から「フェ」という新鮮なサカナを薄切りにして盛り合わせた刺身料理がある。刺身屋のことは「フェッチッ」と呼ぶ。

とある海鮮料理店に腰を落ち着け、まずは冷えたOBビールで喉元を湿らす。アルコール分の少ない軽めのビールだが、喉を湿らすにはちょうどいい。

黙っていると、次から次へと地魚が小皿に盛られて韓式レストランのようにそれだけでお腹がいっぱいになるから、日本人観光客を名乗って一品ずつ注文する。

ここでも重要なキーは野菜である。まずはサンチュの一葉を手に広げる。次に、ケンニプ（エゴマの葉）、ニンニク、コチュ（トウガラシ）など好みの野菜をのせ、刺身の一切れにチョコチュジャン（酢を混ぜたトウガラシ味噌）をたっぷりとつけ、最後にサンチュで巻いていただくのである。ま、刺身の野菜巻きといったところで、ヘルシー感覚を満喫。

まずはアワビを注文。次なるはイカ、さらにタイ。大皿に盛られた刺身には大根が添えられ、見た目にも美しい。文句なしである。

巨大なアワビはコリコリして歯ごたえとともに滋味がほとばしり（とても東京では財布が気になって注文できない）、大海の磯のエキスそのものだ。荒海の岩陰で人知れず、ひっそりと育った一〇年もの歳月の結晶を、あっという間に嚙みしめ、わが胃袋に溶かし込む。この粗暴さをお許しあれ！　と思うばかりだ。

切身にしたアオリイカは、皮膚の色素がプチプチと浮沈するほど新鮮だ。タイは身が引き締まっており、適当な脂肪分が硬直化する魚肉を優しく柔らげている。地酒の真露はたちまち空になり、さらに二本、三本と瞬時のうちにわが胃袋に消え失せた。

さて、と満足しながら、板場に目を配れば、そこには大きなタイの半身が残っている。この極上の身を残せばバチ当たり、極道者！　で、半身を調理してもらう。刺身はすでに賞味したから、日本風のタイ茶漬けが食べたくなった。頼んだら店主は「ＯＫ」と指で輪を作る。

韓式では、最後にやはり潮汁というかスープが出されるが、お茶漬けって韓国にもあるのかしらん？　は、ともかく、あたたかな白米の上にタイの切身を惜し気もなく並べ、エゴマの葉を手でちぎり、さらにコチュジャンと醬油、ワサビを加え、雪緑茶なる玄米茶を注ぐ。ほんわりのぼる湯気とともにいただいたタイの身は、ふたたび大海を泳ぎはじめたような新鮮さが甦り、天にも昇る絶品の味だった。

## 済州島には馬肉のビビンバップがあった

ビビンバは日本でも人気のある生肉料理だが、韓式の正しき食べ方は、ピビン（混ぜること）バップ（ごはんの意）で、つまりは混ぜごはんなのだ。

ごはんの上にユッケ（生肉）がのり、そこにホウレンソウ、キュウリ、ズッキーニ、トラジ（桔梗の根）、ナス、ダイコン、モヤシ、ゼンマイ、山菜などなどの野菜をたっぷりと盛り合わせ、スプーンでしっかりと混ぜていただく（ちなみに韓式では箸は使わない。箸はつまんだり、より分けたりするのに使うもので口中には運ばない。ついでに言うと、器も日本のように手にもたない。盛りつけされた器はテーブルに置いたまま。スプーンで口に運ぶのである）。トウガラシやニンニク、ゴマ油などの下味が、白米にしっくりしみて、野菜とお米の絶妙なハーモニーが生まれる。あっさりしているが、野菜、肉などのバランスもよく、栄養価も高いのだ。

石焼きビビンバも一般的で、こちらはいわば混ぜおこげごはん。フーフーいいながらいただくと、焼けこげるお米の香りと冷たい野菜の繊細な組み合わせが絶品である。

古都、全州（チョンジュ）がビビンバの発祥地といわれる。

朝鮮王朝の頃、この地の王様が昼食に親類や友人を招き、宮廷でもてなしたビビンバが全国に伝わった。

全州は瓦屋根の民家が残る韓国の古い都で、日本でいえば奈良のようなところ。もともと米がおいしく、牛肉の産地・南部にも近い。米と肉がうまいので宮廷料理の定番となった。

一方、済州島には「馬肉のビビンバ」がある。

済州島は馬の産地で、競馬が盛んだが、歴史をたどればモンゴル帝国に占領された頃、モンゴル軍が牧場を開いた。当時、韓国は肉を食べる習慣があまりなかったが、モンゴルの屯田兵らが食欲を満たすために牛馬の飼育をはじめた。元寇の時のモンゴル軍はここから日本に攻めてきたのだ。馬肉を食べてきた兵士だったから、元気がよかったはずだが、神風が巻き起こって退散した。

ヨーロッパ各地にはタルタルステーキがある。タルタルとはタタール人のことでモンゴル系民族の異名である。

馬肉を食べる文化をもった国は少ない。世界でも日本の馬刺しと桜鍋、モンゴル風のタルタルステーキくらいしかないのではないか。韓国では馬肉を食べる習慣はない。

本来、馬は農耕や運搬のために飼育されたもので食べるための動物ではないのである。日本では農耕馬が年をとり、もう働けなくなったところでやむなく屠殺して食用とした。モンゴルの馬は戦いの兵器だった。野戦で食料がないときやむなくつぶして食べたのだ。タルタルステーキはサラダと生肉を使う前菜料理だが、思えば野菜と生肉の組み合わせはビビンバと同じ発想ではないか。済州島の馬肉ビビンバはモンゴル軍の置きみやげなのだった。

## 扶余のウナギ

ところは扶余。ソウルから南へ特急列車で一時間三〇分の扶余は、百済王朝最後の都として知られる町だ。人口は約九万人。白馬江がゆったりと流れる内浦平野の中心にある古都である。

かつて百済の時代は仏教を中心に、日本との交流が深く、多くの百済人が日本に帰化したことでも知られている。

その扶余で、その名も「渡舟食堂（ナルト・シクタン）」というウナギ専門店を見つけた。

「渡舟」とは白馬江を上下する船の発着港なのである。いい名前である。韓国のウナギ料理とは？　と興味津々。待つこと三〇分あまり、出てきた料理は亀をかたどった陶器のうえに丸々一尾分の身がはみださんばかりに乗っている。ウナギというよりは鉄板焼きのステーキという感じである。

料理法はウナギを腹から裂き、炭は使わず、ガスを使って白焼きにする。次にそれを一口サイズにブツ切りにして、それぞれ薬味をつける。薬味は家伝で、コチュジャンを中心に三〇種あるそうだ。ふたたび焼き直して出来上がり。いわば〝つけ焼き〟といった感じである。

食べ方は焼肉と同じで、葉っぱ（サンチュやエゴマなど）に包んでいただく。なんとも香ばしく爽やかでウナギのエキスと薬味が溶け合っておいしい。

ウナギはもともと扶余の名物で、昔は白馬江でとれたが一〇年前からとれなくなり、今は養殖ものを取り寄せている。畳の個室に仕切られた部屋は、日本旅館のようでとても落ち着きがあって気分がいい。

店は二代目、三八年間続くという。扶余に来た日本人観光客は必ず立ち寄るというから、話のタネにぜひ試食してみたらいかがだろうか。

ヘルシーブームで、日本人の食事傾向が老人向きの粗食や美容のための野菜中心料理となったのは、バブル経済崩壊後の活力をなくした時代と一致している。かつて日本の高度成長の頃、男たちの働く原動力を支えたのは、在日韓国人がはじめたというホルモン焼きと焼酎だった。

韓国に来れば元気の源は食にあり。やはり食べる元気を思い出さなきゃあ。

## 5 犬鍋が最高！ と聞かされて ▼北朝鮮

### 北朝鮮へ、シルクロードの面影をさがしに

北朝鮮へ行った。

北朝鮮は拉致問題、ミサイル実験といろいろ人騒がせな国だが、観光に関しては決して門戸を閉ざしているわけではない。以前は大手旅行社が主催し年間五〇〇〇人ほどの日本人観光客を受け入れていたが、昨今の事情でさすがに訪問客は激減した。二〇一八年では外国人観光客の受け入れは年間二〇万人。中国人が圧倒的に多く、日本人はそのうち四〇〇人ほどに過ぎない。しかもこの国では、今なお自由気ままな個人旅行はできない。

北京から国際列車で平壌に入った。

平壌駅に着いたら二人の職員が待っていた。旧ソ連と同じで必ず国の観光局の職員がエスコートするのである。ひとりは李さんで、学校の先生という感じの真面目そうな人。もうひとりは金さん。金さんは小太りで、声が大きく、軍隊上がりの長官という風貌だった。

握手を交わし友好的な出迎えを受ける。

李さんは観光の案内係、金さんは写真撮影の許可を出すメディア（スパイ）監視役というところだろう。

こちらは私と写真家のUさんの二人だ。Uさんは後述のモロッコの旅で紹介する危険地域仕様のカメラマンだ。このときはすでにブラジルから日本に帰国していた。われわれの目的は、北朝鮮に残るシルクロードの痕跡を記録することだった。

金さんによれば、日本のメディアはフェイクが多く信用できないという。

団体観光客に混じって入国し、農村の一軒のくずれかけの民家を隠し撮りして、「北朝鮮、農民の悲惨な暮らし」と報道したり、町はずれの機械倉庫を撮影して、「知られざる核兵器倉庫を発見！」とか、偏見とでっち上げの記事を平気で流すという。

李さんも金さんも、入国したすべての日本人をチェックするわけにはいかない。誰が何の目的できているのか、観光ツアーに紛れていれば見抜くことは困難だ。

こちらが行きたい観光名所の希望を出し、そこが外国人の立ち入りが許可されている場合ならば、問題なく彼らがエスコートしてくれる。どこで学んだかは知らないが、両人とも日本語はペラペラだった。

事前にシルクロードの遺跡をたどる目的は伝えてあり、まずは古墳を訪ねた。

北朝鮮に高句麗時代の古墳は八十余基あり、そのうち六十余基が平壌近郊にある。訪ねたのは安岳三号墳と徳興里古墳で、いずれも四世紀頃の高句麗時代のものだ。日本だと卑弥呼あたりの時代で、まだまだ歴史は薄闇の頃だが、北朝鮮は大陸と地続きのため早くから文明は開けていた。

安岳三号墳では、妃や僧に見送られて世を去る王の物語が描かれ、鮮明な彩色は一五〇〇年の歳月を忘れさせる。王妃や官女の頬のふくよかな線や切れ長の眼など、日本の高松塚古墳の壁画によく似ている。徳興里古墳はこの地の地方長官を葬った墓所で、主役の肖像の上には天女が舞い、枠には葡萄蔦の唐草模様が描かれていた。まさにシルクロードの遺産である。

天井には、天の川をはさんで織女星と牽牛星が向かい合う七夕伝説が描かれていた。北朝鮮から日本へとシルクロードは、やはり連綿と繋がっているのである。

## トランプ元大統領が越えた国境

韓国との国境、板門店へと案内された。

平壌から高速道路に入ったところで、美しい農村風景が車窓を流れた。Uさんが、

「写真撮っていいですか？」

と、金さんにきく。

山の麓に集落があり、田園が広がる。木々はまばゆいくらいの新緑で、田には水が入り、働く農夫の緩慢で穏やかな姿がある。みずみずしい初夏の風景だ。

「高速道路からは本来撮影禁止だけど、まあ今日は特別許可しましょう」

大勢の農民が畑を耕している。日本の昭和三〇年代と同じような風景だ。

クルマが止まって、Uさんが民家と農婦にカメラを向けた。

「それはダメです。カメラを隠してください」

金さんがダメ出しする。カメラを向けると、報道に慣れない村人が「何事か！」と動揺するらしい。どうやらリアルな生活風景の撮影は難しいようだ。前述した偏見報道の影響があるのだろう。

板門店は北緯三八度の線上、韓国との国境にある。

最近ではトランプ元アメリカ大統領が国境線を歩いて越え、北朝鮮の金正恩と握手したことで話題になった。

歴史を振り返ると一九五三年、朝鮮戦争の停戦会議はここで行われた。

朝鮮戦争は北朝鮮と韓国の主権をめぐる戦いだったが、同時に資本主義国のアメリカと社会主義国のソ連、中国の代理戦争となった。ソ連と組んだ北朝鮮の侵略に対して、韓国は国連軍を味方として対抗した。一時は釜山近くまで北朝鮮軍が侵攻したが、マッカーサーが司令官となって赴任し、奇襲作戦で仁川に上陸、巻き返しを図った。これに対して中国が大量の義勇軍を送り込み睨み合ったまま休戦となった。北緯三八度はその時の停戦ラインだ。日本はその時の特需で軍需産業や一般企業が成長し、敗戦の損失を補い高度成長に向かうことに成功した。

板門店は北朝鮮側、韓国側の双方から見学ができる。

「ほら、韓国の兵隊が見えますよ。私の先を歩くようにしてください」

金さんが半分冗談で射撃のポーズをして解説する。

国境線上にある軍事停戦委員会本会議場は時間をたがえて、双方から見学できるようになっている。狭い教室のような部屋が会議室になっている。

わずかな空間だが、ここで南北の人々はすれ違いに交流していることになる。しかし、言葉も食べ物も同じ民族が北と南に分かれてもはや七〇年が経っている。

国民は、やはり統一を願っていることと思う。独裁政治がそれを許さず、憎悪感を植えつけているのだろうが、李さん、金さんと接していると、民族の差はさほど感じない。スターリン、毛沢東の時代ははるか昔に終わっており、その幻影だけが現在も支配している。ウクライナ人とロシア人も愛憎半ばしている。人類は皆兄弟ではなかったか？　あるいはカインとアベルのように永遠に理解しあえない宿命を背負っているのだろうか？

**北朝鮮のグルメを楽しむ**

北朝鮮の料理は韓国と比べて違うのだろうか。

北朝鮮と韓国では料理の基本は同じだが、微妙に違う。たとえばキムチは、韓国のものは真っ赤でどろどろしているが、北朝鮮のキムチは色が薄く塩味が強い。韓国のキムチのようにたっぷりと唐辛子やニンニクを入れて塩漬けしたものに比べると、一度水を通したような味で淡泊である。塩の辛さはあるが唐辛子やニンニクの辛さはあまりない。

李さんによれば、両国の違いは水と塩の違いによるもので、北の方は天然水と天然塩しか使わない自然食品だが、韓国製のキムチの異常な赤色は着色剤を使っており、本来の味ではない、というのだが果たしてどうだろうか。

冷麺は北の平壌が本場である。麺は真っ黒で細くて長い。麺の色が黒いのはそば粉の含有量が多いからだ。麺が細くて長いのは、長生きを願うという日本の年越しそばと考え方は同じのようだ。具は肉を三種（鶏肉、豚肉、牛肉）使い、キュウリ、ダイコンの野菜を加え、ゆで卵をのせる。食べ方は器のなかで先にスープと具をかき混ぜる。鶏肉も牛肉も豚肉も野菜と麺と一緒になってごった混ぜになる。その後、酢、辛子みそ、醬油を好みで合わせて汁は残さず平らげる、というのが平壌流儀だ。水分が多くてあっさりしていて、それでいて麺と具の混ざった食感に独特の風味と旨味が感じられる。お腹に貯まらずお代わりが欲しくなる。

冷麺は勤め人のお昼の定番料理で、毎日欠かさず食べるとか。またパーティや結婚式でも必ず振る舞われる〆の料理で、「飯と冷麺は別腹」だそうな。季節も問わず、暑い真夏でも寒い冬でも冷麺は欠かさない。外はマイナス二〇度となる厳冬の日に、暖かいオンドルのもとで食べる冷麺は格別だという。平壌には冷麺だけを食べさせる専門店も数多い。

外国人観光客は一般庶民の食堂には入れず、指定のレストランでの食事となる。一般庶民の安い食堂では外貨が稼げないという国策もあるのだろう。指定されたレストランの数は意外に多く、料理の種類によって専門化している。ちなみに日本料理を出す店も多く寿司屋もある。

滞在中いくつかレストランを回ったが、チョンゴルという鍋料理は韓国のプルコギに似ている。肉は豚肉だが、白菜、豆腐、春雨、タマネギ、もやし、ジャガイモなどを鍋で煮込んだものだ。ほかに平壌名物というアヒルの鉄板焼き、羊肉鍋、ビビンバなどどれもがおいしかった。

「今度きた時は犬鍋を食べに行きましょう。冬がとびきりおいしいですよ」

冗談かと思ったが、金さんの表情は真面目だ。

「どんなお店ですか？」

「案内しましょう」

屋台のような店で食べるのか、と想像していたが、連れて行かれた犬鍋の専門店は現代的な清潔でおしゃれなレストランだった。

北朝鮮でのご馳走は犬肉鍋だそうで、一五〜二〇キログラムほどの歳をとっていない赤犬が一番美味で、高級だそうな。身がほてり、万病に効き、女性は肌がきれいになり、男性は衰えた精力がよみがえるという。平壌で犬鍋を招待されたら最高のおもてなしだと教えられた。犬の話はマカオでも聞いたが、犬食は東北アジア全体に広がる食文化である。日本でも戦中の食糧難の時、庶民が食べたという話がある。人間の欲望は限りがない。

どのレストランでも食事中、時々停電になった。

電力不足なのだろう。ミサイルよりもエネルギー開発の方が重要だと思うのだが、どのレストランも手慣れたもので、すぐさまローソクが運ばれた。

ローソクのか弱い灯で味わう料理もまた、不思議な雰囲気とおいしさがあった。

## 6 ジンギスカンをめぐる冒険 ▼日本・北海道

### 羊はアメリカからやってきた

二〇〇万都市、札幌市の南東に「さっぽろ羊ヶ丘展望台」がある。

修学旅行の生徒や訪日観光団が訪れる観光名所で、地平線に向けて片手を伸ばすクラーク博士の銅像が立ち、台座に「BOYS BE AMBITIOUS」の有名な言葉が刻みこまれている。

広い空の下、茫洋とした草原が広がり、いかにも北海道を感じさせるところだ。夏ならば羊群が放たれているはずだが、訪れたのは一〇月下旬、放牧場はすでに一面の雪で覆われ羊たちの姿はない。

ジンギスカン料理の起源を探ろうとしていた。北海道の羊肉文化はまずはクラークの来日した明治初期まで辿らねばならない。

明治新政府はそれまでの蝦夷地を新しく北海道という名に変え、ここに農業王国の夢を描いた。多くの開拓民や屯田兵を送り込み広大な土地を農地に開墾した。しかし、当然のことながら寒冷地の北海道では稲作は不向きで、開拓の方針を牧畜に方向転換せざるを得なかった。そこで酪農大国・アメリカに北海道の未来図を託した。

北海道開拓史を語る時、ホーレス・ケプロンの存在を欠くことはできない。

クラークは農学校の一教頭にしか過ぎなかったが、ケプロンは新天地・北海道のいわば総合プロデューサーというべき存在だった。

一八七〇（明治三）年、開拓使次官となった若き旧薩摩藩士・黒田清隆（のちの総理大臣）はすぐさま渡米し、グラント大統領の推挙を得てホーレス・ケプロンを訪ね、開拓使顧問就任を懇願した。この時、ケプロンは六七歳、南北戦争の折、北軍の義勇軍名誉准将として活躍し、農場経営の経験者であり、当時はグラント配下の現役の農務長官だった。さぞ老将は悩んだことだろう。「極東にもう一度フロンティアを！」――新天地開拓への思いを熱く語るラストサムライ・黒田の情熱に説得されたのであった。

クラークも同じだった。クラークは当時マサチューセッツ州立農科大学の学長だったが日本政府に勧められ（のちに同志社大学を創設する新島襄はアマースト大学でクラークの門下生だった。新島襄も勧めたかもしれない）、遥か極東の北海道までやってきた。クラークも南北戦争では北軍の大佐だった。

箱館戦争の焼け跡が残る明治時代初めの頃である。北海道にはまだ攘夷の志をもつ旧士族が隠れ住み、未開の原野では羆や狼が出没していた。

黒田の思惑通り、二人は危険を承知で太平洋を越えてやってきた。未知の国ニッポンの未開の大地・北海道に新しいフロンティアを見つけたのだ。世のため、人のために尽くそうというアメリカ人のピューリタン精神がそうさせたのかもしれない。

もうひとり、エドウィン・ダンを紹介せねばなるまい。彼が羊を連れてきた本人だった。ダンはオハイオ州の獣医で、やはりカウボーイ魂をもつ西部の男だった。ケプロンに呼ばれ、一八七五（明治八）年、北海道へ。その折一〇〇頭の羊を運んできた。

ケプロン、クラーク、ダン――開拓時代の三枚のカードが揃った。

彼らは、北海道を酪農王国で成功させようと精力的に活躍した。今でも残る北海道方言の「バイキ」（バック、うしろ）、「デメン」（デイメン、日雇い労働者）は彼らが残した言語遺産だ。

クラークは開校した札幌農学校の教頭となり洋食を奨励した。当初は全寮制だったから夕食はパンと洋野菜、肉を義務づけた。朝食には牛乳やチーズ、シチューなどが配膳された。ライスカレーも彼らが持ち込んだメニューで、その伝統を引き継いで今、札幌はスープカレーの元祖地となっている。

さて、羊である。

ダンが運んだ羊は、サウスダウンという羊肉種だった。

羊は世界でもっとも早く家畜化された動物で、起源は紀元前七〇〇〇～六〇〇〇年のメソポタミアに遡る。半砂漠で遊牧民が飼い、肉は食用、毛は衣服に使われ生活を潤した。やがてアジアに伝わり、モンゴル軍が遠征時に軍事必需動物として飼いならした。羊は捨てるところがないので、〝動く万屋《よろずや》〟と称され、重宝がられた。モンゴル軍がのちに世界制覇を遂げるのは、実は羊による恩恵かもしれない。

肉は牛肉と比べて赤身が多く、脂肪分が少ない。必須アミノ酸やミネラルを多く含んでおり、牛肉や豚肉よりもヘルシーとされ、フランス料理では子羊のラム肉は最高級の食材となっている。明治初期の日本人には驚きだっただろう。全身毛むくじゃらで、群なしてメェメェと鳴く異様な小動物に恐れをなしたかもしれない。

長らく仏教国だった日本では、四足動物を食用とする伝統はなかった。牛は運搬や農作業、馬は軍事用である。ひそかに野生の猪や鹿は食用にしていたが、それとて「ボタン」

「サクラ」などと隠語で呼び、今のように堂々と食していなかった。

明治の日本人にとって羊はあくまで綿羊でしかなかった。綿羊はウールをとるもので食用ではない。見慣れれば可愛くなる小動物を潰して食べるのは心理的な嫌悪感もあったことだろう。というわけで、開拓使のスリーカードの羊政策は失敗した。

羊の利用方法を日本人の生活スタイルに合わせ、以来、開拓使は羊毛種を輸入することに方針を転換した。

羊肉を鉄なべにのせ煙を立ちのぼらせて、豪快に頬張るジンギスカン料理は、明治の開拓時代からの伝統かと、と勝手に想像していた。いかにも北海道の開拓時代に生まれた、という雰囲気があったからだ。

夜警を終えた屯田兵が林間に焚火して、酒を酌み交わしながら一夜を過ごす。遠くではシマフクロウや狼の遠吠えが聞こえる、というロケーションにジンギスカン料理はぴったりだと思っていたのだが、見事に裏切られてしまった。

## ジンギスカン料理の元祖といわれたサッポロビール園

サッポロビール園に行った。

札幌駅近くの苗穂にあるサッポロビール園は、観光客が一度は訪れる札幌の名所である。

昔から、工場出しの生ビールとジンギスカンが食べ放題、飲み放題の均一料金がウリだった。庭園のある広い構内には、「★（赤星）サッポロビール」と大書された約五〇メートルもある煙突が聳え立ち、赤レンガの工場群が点在し、いかにも明治の開拓時代を彷彿とさせる。

サッポロビールの前身、大日本麦酒株式会社の創業は一九〇六（明治三九）年のこと。アメリカ式酪農スタイルがやっと北海道に根づいた頃で、「稲よりも麦」という方針が実りビール産業が成長した。

黒田清隆は大酒飲みだったので、ビール開発を急がせたのかもしれない。

「ビール園のオープンは一九六六（昭和四一）年でした。札幌ではジンギスカンの元祖店の一つといわれています。開業当時は一〇〇〇円（飲み放題、食べ放題。ちなみに今は四二一二円・税込）でした。当初はジンギスカンの名は知られず、一日に客が一人だけという日もあったようです。今では年間五〇万人以上のお客様にお越しいただいています」とは、事務長の佐々木敏文さんの談。

当時ミュンヘン、サッポロ、ミルウォーキーという北緯四三度線がビールの本場、というCMがヒットした。

ジンギスカンには、日本酒やウィスキーは合わない。ビールを大量に消費させるにはジンギスカンはかっこうの料理だ。肉の焼け焦げる匂いはビール党には堪らない。

赤レンガの開拓使館に入ると、羊肉と野菜の焼ける独特な香ばしい匂いが漂う。目の前にケッセルなる巨大なビール仕込み釜が鎮座する。吹き抜けの天井、広々としたホール、二階まで入れると五〇〇人が同時に会食できるという。

生ラムの肩ロース、ショルダー、もも肉、先にタレに漬けこんだトラディショナルな羊肉と種類も多く、工場出来立ての生ビールを満喫した。

## ジンギスカン、義経伝説の真偽

サッポロビール園は観光客が主力だが、札幌には庶民的なジンギスカン専門店がいくつかある。そのひとつ、「さっぽろジンギスカン」を訪ねた。店は繁華街ススキノのはずれのうらぶれた雑居ビルの二階にある。

主人の小林武央さんは、次のように語った。

「オープンしたのは、昭和三五年から四〇年の間だと思うが、よく分からんべさ。とにかく当時、羊肉は一頭買いで一五〇〇円だった。イクラを孕んだ雌サケが一尾二〇〇〇円だった。これは商売になるかもと、女房に店をやらせたんだ。月寒に種羊場があってそこで料理法の指導をしていた記憶があるが」

主人は、一見気まぐれなラーメン屋のおっさん風だが、眼鏡の奥で時々知性が光る。こちらの知識がどれほどのものか、読もうとしている素振りもある。

店はＬ字型のカウンターだけで、その中央で主人が羊肉の塊をおろしている。寿司職人のように目の前で切り落とした肉塊を切り分けて、一人前にして皿に盛る。

「ごらんのとおりうちは赤身だけさね。脂肪のついた肉はダメだぁ。脂肪のある肉はおいておくと尿酸が出て匂いが立つ。牛の霜降り肉で実験したんだが、犬は食べたが、猫は食べなかった。猫は賢いからね、知らんぷりさ。すっぱい匂いには警戒する。動物は尿酸を体内で分解できないからね。分解できるのはハイエナとハゲワシだけだよ。だから、彼らは腐肉でも気にせず平気で食べている」

なかなかこの方、博学である。由来については、

「大陸から帰還した兵隊たちがもってきたでねえか。持ち帰った鉄カブトを使ったそうだ。外地で食べた羊肉がうまかったらしく、脂肪が落ちるのでカブトのへりに溝を作って焼いたつうことだ。でも堂々と囲んで食べたのではなく、闇鍋のようにヒソヒソと隠れてやっていたようだ」

ジンギスカン料理に使う鍋は確かにカブトに似ている。独特な鍋の由来についてはさまざまな説がある。

もっともロマンをそそるのは、義経伝説だろう。

奥州衣川で死んだはずの源義経が、東北から北海道に逃げ落ちて大陸に渡り、ユーラシアの王者、チンギス・ハーンになったという伝説だ。北海道には義経にまつわる伝説地が多く、弁慶が腰掛けた岩や弓を掛けた木の枝というものが主だが、もっともらしい義経神社も存在している。

大陸に渡った義経がチンギス・ハーンとなり、遠征の陣中で兵士たちに活力をつけるため羊を屠《ほふ》り、肉を振る舞ったという伝説である。前述したとおり、モンゴル軍は長期戦では家族や羊群を連れ歩いた。キャンプ地で兜を利用して焼いた、というものだ。

話は面白いが事実としての立証は難しい。

モンゴル人は羊肉を食べるが、焼いたりはしない。

かつてモンゴルを旅した時、毎日羊料理を食べたことがあった。各地を回ったが、いずれも羊肉は茹でる、煮る、蒸すの方法で料理された。

現地できくと、脂肪が一番の栄養源で、焼くと脂肪はほとんど落ちてしまうからモンゴル人はそんなもったいないことはしない、とのこと。たまに一頭丸ごと焼くことはあるが、それは祭りや観光客のための特殊な料理のようである。またモンゴル人は野菜を食べない。肉と野菜を一緒に食べるという料理法はチンギス・ハーンの時代にはないのである。

とすると、中国からの帰還兵の伝説が正しいかもしれない。

## もとは中国の回々料理の「カオヤンロウ（烤羊肉）」か？

ジンギスカン料理は比較的新しいものだ、ということが分かってきた。

大正七（一九一八）年、政府の「緬羊百万頭計画」が起因している。

第一次世界大戦がはじまり、羊毛の輸入が途絶えた。折からのシベリア出兵で、将校や兵士の防寒衣料が必要となった。この時政府は二五年間で国内の綿羊を増殖する計画を打ち出し、国内五ヵ所に種羊牧場を新設。熊本、兵庫、茨城、北海道では札幌（月寒）と滝川の二ヵ所が選ばれた。

のんびりとした、平和な牧羊の光景は激変した。羊は農事から突然軍事となったのだ。全国に羊は放たれ、羊毛の需要は急増したが、果たして食肉はどうだったのか。いつからジンギスカンという羊食文化がはじまったのだろうか……。

文献が残っていないだろうか、と札幌市立中央図書館を訪ねた。

『農家の友』（昭和 36.12）（昭和 51.8）、『札幌百点』（昭和 38.2）にジンギスカン関連の資料が見つかった。『農家の友』は、北海道農業改良及協会機関誌というマイナーな資料、『札幌百点』は『銀座百点』に似た地元名店のＰＲ誌だ。

「よくぞ、こんな古い資料が残っていましたね！」と感動すると、係員は記録を見つつ、
「あなたがはじめての閲覧者です」と、逆に尊敬されてしまった。

さて〝成吉思汗鍋〟という名の初出は、大正一五年に出版された『素人に出来る支那料理』（山田政平、婦人之友社）で、そこでは「原始的な成吉思汗鍋」として紹介されている。

著者が述べるように、正式な料理名は清真料理の「カオヤンロウ（烤羊肉）」であった。これは羊のあぶり焼肉で、火鉢か鉄鍋（平鍋ではなく大鍋）で炭をおこし、その上に網をのせて、羊肉を焼いて食べた。タレは中国製の醬油を使った。料理名は成吉思汗鍋だが、いまのジンギスカンとはずいぶんかけはなれたものだった。

清真料理とは回々《フィフィ》料理と同じイスラム料理で、豚を避けた料理のことをいう。回教徒は豚を悪魔の使いとしており、肉はおろかスープ、脂肪、匂いのあるものは一切口にしない。回族はもともと漢民族だが西域に暮らし、ウイグル人、カザフ人などの影響を受けてイスラム教に改宗した人々だ。新疆に多く暮らすが、一部は内モンゴルでも暮らしている。ということは、ジンギスカン料理のルーツははるかシルクロード！だったのだ。そこから内モンゴル、北京、朝鮮半島を経て、日本へとはるばる伝わってきた。

その名づけ親は誰か、というと、満州国軍閥（関東軍）の駒井徳三ということになっている。

駒井徳三は、滋賀県出身で北海道大学を卒業後、南満州鉄道に入社。大豆の研究家で満州の農業開発を担当した。満州事変後は関東軍顧問となり、満州国建国工作で中心的な人物となり、総務長官心得となった人だ。

『札幌百点』には、実娘の藤陰満洲野《ますの》の「父とジンギスカン鍋」のエッセイが載っている。父親を懐かしみながら書いているが、その文中、父親の駒井は、「諸氏よ、これからはわれわれ日本人は羊肉料理を〝成吉思汗料理〟と呼ぼうじゃないか」と提案し、部下に大いに宣伝させたようである。

## 昭和一一年、サッポロ狸小路で試食会が行われた

シルクロード由来のカオヤンロウ（烤羊肉）を日本風（？）に「ジンギスカン」と名づけたまでは分かったが、野菜やタレの独特な料理法はいつからであろうか。

ということを模索しながら、サッポロのショッピング街・狸小路を歩いていたら、いきなり「ヤマダモンゴル」というジンギスカン料理専門店に出くわした。モンゴル贔屓の某山田さんのはじめたジンギスカン料理店か、と覗いてみたら、店の案内文に意外や山田喜平の名が出てきて驚いた。案内文には「店の由来は、ジンギスカン普及に貢献した山田喜平氏とチンギス・ハーンのモンゴル帝国から」とある。

山田喜平は獣医で、農林省に務め北海道庁種羊場長、滝川種羊場長を歴任した人で、いわば北海道ジンギスカン鍋の産みの親とでもいうべき人だ（ということが資料を読むと分かってくる）。

一九三一（昭和六）年に『緬羊と其飼ひ方』（「成吉思汗料理」の記載あり）の著書があり、この人が実際のジンギスカン鍋のレシピを作ったようだ。

さて、その新料理の試食はいつ行われたか、というと、昭和一一（一九三六）年、札幌ではじめてのジンギスカン鍋料理の試食会が開かれている。道庁畜産課の主催で、山田喜平・マサ夫妻が滝川から呼ばれ、彼らの指導でジンギスカン鍋の試食会が催された。場所は狸小路六丁目、焼鳥とおでんの店「横綱」だった。三日間貸し切りで道庁関係者、高級官吏や名士を招き、肉と鍋は種羊場から持ち出し、費用は道庁持ちだった。

しかし、はじめて試食する羊肉や強烈なニンニクの匂いが不評で、「横綱」は営業を開始したものの思うように客は来ない。それでも店主・合田正一さんは、一人前二五銭、栄養たっぷりの新メニューを売り出そうと、無料券を配ったりして頑張るが、さすがに続かず昭和一八年に閉店した。終戦をはさみ、札幌ジンギスカンはついえたか、と思いきや、娘さんがススキノに場所を変えて継続。しかし、この店も昭和四七年に閉店した。

民営化第一号だった「横綱」は、約三〇年間にわたりジンギスカンの普及につとめたが、残念ながら消滅した。「一体、どんな味だったのだろうか?」と気になるが、ともかく父娘二代にわたる苦労があったことだけは覚えておこう。今ならば、モンゴル出身の〝横綱〟たちが堂々と贔屓、応援してくれただろうに、と思われ残念ではあるが……。

「ヤマダモンゴル（狸小路店）」は西七丁目にある。奇しくも「横綱」は、その隣の六丁目に初代の店はあった。偶然といえども、このエリアには山田喜平と合田正一の狸ならぬ羊をめぐる冒険談が眠っていた。

## 元祖、松尾ジンギスカンを訪ねる

今では、すっかり北海道のソウルフードとなったジンギスカンだが、その独特な鍋の形は本当に兵士の鉄カブトの改良なのだろうか。

のちに、この説はあやしいものとなった。滝川に住む高石啓一さん（元・滝川種羊場・研究家）によれば、

「鍋の原形は中国の烤羊肉（カオヤンロウ）用の金輪です。本来はその上に鉄棒を並べて、羊肉を乗せて焼いたものです。それを小型に仕立て、日本家屋で使えるように鉄鍋に改良したのですね」

改良鍋のルーツは意外にも、かつて東京東高円寺にあった「成吉思荘」だった。「成吉

思荘」は関東でのジンギスカン発祥の店だが、この店の主人が工夫して発案した。それが全国に普及して、各地で改良され、現在の形になったようだ。北海道でもスリット（切れ目）があるもの、溝があるものなど鍋の形は多様化している。

食べ方は、北海道では大きく二つに分かれている。これは前述した二つの種羊場があったことに起因している。

一つは札幌・月寒種羊場で、もう一つは滝川種羊場だった。

札幌を中心としたエリアは生肉を焼いてからタレに漬けて食す〝後ダレ〟方式、一方、滝川中心に、道北、道東エリアは、事前に肉をタレに漬けておいてから焼いて食べる〝前ダレ〟方式である。

滝川にある「松尾ジンギスカン（本店）」を訪ねた。

「松尾ジンギスカン」は創業昭和三一年、五代続く北海道の老舗で、直営店が道内に九店、東京に五店、最盛期、暖簾分け店は道内に三八〇店舗を数えた。

店長の安原雅樹さんは、次のように語った。

「おそらくうちがジンギスカンをブランド化し、ビジネス化した最初でしょうね？　それまでは道内でも特殊な料理でしたが、タレを考案し、先に肉を漬けることでそれまでの臭い、かたい羊肉のイメージを払拭しました。もやしなどの野菜を加えたのもオリジナルです」

一〇年かかったという独特のタレは保存のきかない生ダレで、リンゴ、タマネギ、香味野菜を使った秘伝のものだ。肉を焼いたあと、タレをかけて野菜ともども煮込み、うどんやもちを入れて、溶いた生卵につけるすき焼き風のスタイルは道内で定着している。

今や北海道では花見、海水浴などの野外行事で、煙もくもくの〝ジンパ〟は風物詩となっている。聞きなれぬ〝ジンパ〟とはジンギスカン・パーティのことで、北海道では老いも若きもジンパで酔い、歌うことが定番行事だ。

元専務の歌原清さんに登場願った。

「そのジンパで成功したのが初代の松尾政治です。一九歳で香川県から単身で来道して成り上がった。もともと〝馬《ば》くろう〟（馬の運送業）で身を立てていたが、その後、羊肉専門店を開いた。偉い人だった。滝川公園の花見へ、七輪、炭、鍋を持参して、現場で焼肉を売ったのが当たったのです。その噂をきいた友人たちが家に集まってきて、〝食べさせろ〟。それで店を開いたのが松尾ジンギスカンのはじまりです」

折からの北海道ブームに乗じて、別館を作り、収容人数は二二〇〇人の大ジンギスカン専門店に成長した。滝川は札幌と旭川の中間にあり、観光バスの昼食所として賑わった。

「まあ風雲児でしたね。学校もろくに出ていないで裸一貫、直感と気合一つで高度成長の時代を登りつめた」

　歌原さんは樺太生まれ。北海道に引き揚げて留萌《るもい》で育ち、国鉄に入社、もとは蒸気機関車の機関士だった。松尾政治の長女を娶った縁で、二五歳で入社、ほぼ半世紀を松尾ジンギスカン一筋で勤め上げた。いかにも実直な、優しい白髪の初老の紳士で、すれ違っても、とても大会社の重役だったとは思えない。

「みなが貧しかった時代なんですよ。子羊を役場が各家庭に貸与したんだね。子供たちがそれを育ててね。家族五人だと五頭割り当てだった。みなが自分の羊に首輪つけて学校に通った。羊はやせた草でも育つからね、おとなしい優しい動物だよ。一年経って役場に返すと、代わりの子羊と羊毛をくれる。母親がそれで靴下や手袋を編んでくれた。羊毛は暖かかったね。お金の要らない家内産業だ」

　やがて頭数が増えて綿羊組合ができ、毛のとれなくなった成羊を処理。余った肉を利用しようとはじまったのがジンギスカン料理のルーツだった。

「羊肉はただみたいに安かった。これをうまく食べるようにして、商品化したのが松尾政治だった。貧しさが富を生んだんだねえ」

　北海道で、ジンギスカンがソウルフードとして産声をあげたのは昭和三〇年代半ばからのこと。以来、羊肉は輸入され、ニュージーランド、オーストラリアから冷凍のロール肉やチルド（冷蔵）の生肉が入り出し、ラム肉が主体となって北海道は名実ともにジンギスカン王国となったのである。

思えば、羊は日本の近代史を駆け抜けてきた。開拓時代から酪農へ、羊毛産業から軍事産業へ。そして今、食肉産業としてよみがえり、人々の胃袋を満たしている。

ジンギスカンの勇壮な名も大陸進出への野望をかけた軍人たちの命名だった。今さらながら思うと、戦争の時代は過ぎ、橋の下に水はたくさん流れていったのである。

そんな歴史はとにかく、ジンギスカン料理という豪快な肉と風味は旅の思い出として残しておきたい。

# 第4章　中東、アフリカ

イラン・テヘラン　ラフィマ宅の家庭料理

モロッコ　ドーヴァーソール（舌ビラメ）

ケニア　レストラン「カーニバル」

# 1　トランス・アジア・エクスプレスの変　▼イスタンブール～テヘラン

## 三泊四日の長距離列車

「トランス・アジア・エクスプレス」と言っても、その名を知っている方は少ないだろう。トルコのイスタンブールからイランのテヘランまで、走行距離は二九四五キロメートル、所要時間は六七時間五〇分という長距離国際列車だ。三泊四日、週一往復という稀少な夜行列車である。

一〇年ほど前になるがこの列車にイスタンブールから乗った。当時の料金で九〇・五トルコリラ、日本円にすると五四三〇円！　一泊のホテル代にもならない破格の料金だった。先頭には真っ赤な機関車、客車は白を基調に赤と青の帯が入る。決して豪華列車ではないが、清潔感が溢れる爽やかな現代車両だ。

乗客はフツーの人たちで旅行者の姿はほとんどなく、航空機に比べると格安なため、所要とか家族での移動手段として使っているようだ。出稼ぎ帰りの男たちも多い。

さっそく食堂車へ様子を見に行った。

食堂車は明るく飾り気がなく簡素で、どこか病院の待合室を感じさせた。テーブルには赤いビニールシートがかかり、通路を挟んで四人掛け、二人掛けに分かれている。ガラス窓には、月と星のトルコ国鉄のロゴマークが浮き彫りにされていた。三日月と星はイスラム教のシンボルでもある。

計算するとこの食堂車で一一回の食事をいただくことになる。さてさて、一体どんな料理が出てくるのだろうか。

メニューは写真入りで、サンドイッチ、オムレツ、鶏と肉料理がある。上等ではないか。さっそく朝食を頼むとパン、ハム、チーズ、野菜、コーヒーのセットが運ばれた。朝食と昼食はセットメニューになっており、ナンと卵焼きという組み合わせもあった。夜はアラカルトで鶏と肉、オムレツから選択できる。

おそらくこのメニューは道中変わらず、今日は鶏、明日は肉（豚肉はなく牛か羊）と選んで、三泊四日の長旅をしのぐことになるのだろう。

イスタンブールでハムスィを仕込んできたことが正解だった。ハムスィはカタクチイワシを酢でしめたもの。日本でいえば岡山のママカリに似ている。シンプルであっさりとしていてとてもおいしい。これがあれば隠し持ってきたワインのアテになるはずだ。

さてさて食堂車は空いていた。ほとんどの乗客はナンや紅茶を持参してきている。食堂車はレストランではなく、お弁当を食べる車両のようだ。人々は経済的な理由で鉄道に乗っており、私のように敢えて鉄道旅行を楽しむために乗っている人はいない。

待ちかねた夜はステーキを注文した。ところが肉は固く乾いた牛肉で、ピラフの上に二、三片の薄切り肉がのっているだけというものだった。ステーキとは名ばかりでビーフピラフが正解だろう。サラダはキュウリ、トマト、ピーマンにヨーグルトチーズのドレッシング。この列車で贅沢はいえない。いわゆる観光列車ではないのだ。

心配した酒類はちゃんと置いてあり、ビール、ワイン、コニャック、ウォッカと予想外に充実している。ひとまずほっとした。酒さえあれば長い列車旅もしのげるだろう。とりあえずワインを頼む。ほかに酒を飲む客はなく少々気が引けたが、こちらは外国人旅行者だから勘弁してほしい。

実は、酒は禁止かも知れぬと慮り、寝酒用にラクを駅構内のバーで購入しベッドの奥に隠してあった。ラクはトルコの地酒でアルコール度数は五〇度。アニスというウイキョウに似た薬草が入っており、独特の芳香があるリキュールだ。水を足すと白濁し、〝ライオンのミルク〟という異名がある。これさえあれば長い夜も大丈夫！　長距離列車用の隠しカードである。

## ノアの方舟、アララト山は見えず

風景は二日間ずっと変わらない。

トルコのアナトリア高原を走っており、見渡す限り乾燥台地で山は皆禿げており、ひまわり畑、小麦畑がただただ広がっている。日本ならば山あり谷あり、トンネルあり橋ありと変化に富むが、二日間ほとんど変わらぬ風景はさすがに飽きてくる。しかし考えてみれば、山地面積が七割近くを占めながら海洋国という日本の方が異常で、世界を代表する長距離列車の車窓風景は砂漠や荒野、あるいは森か草原である。アメリカのアムトラックは西部ではほとんど半砂漠を走るし、シベリア鉄道はひねもすタイガの森のなかをゆく。ひまわり畑や小麦畑の穏やかな田園風景などは情緒のある方だと、ひとり納得した。

通り過ぎる村には、プラタナスやトチの木が植樹されている。駅には真紅のトルコ国旗がはためき、ケマル・アタチュルクの像がシンボルのように立っていた。アタチュルクは建国の父で、トルコ共和国の初代大統領である。なんだかレーニン像がどこにでもあった昔のソ連時代を思い出させた。

全行程の三分の二あたりで国境のタトヴァンに着き、ヴァン湖が現れて風景がやっと変化した。乗り継いだ船上からアララト山が見えるはずだったが、あいにく湖上は深い霧に包まれていた。アララト山とは例のノアの方舟が漂着したとされるところである。

いよいよ国境越えである。

船内では歌と踊りがはじまっていた。列車での疲れがたまって皆体をほぐしたいのだろう。民族音楽が流れ、甲板では男女が踊りはじめた。こちらも缶ビールを飲みながら手拍子を打つ。旅はまだまだ続くのである。

四日目、イランへ入った。

食堂車が開いて朝食をとる。ナン、紅茶、ジャム、ヌガーだけの簡素なセットだ。パンは紙のように薄く、硬くて、パサパサだった。まるで土壁を食べるような感触である。イランは長らく経済封鎖が続きいまだ国情は不安定だ。決して平和とはいえないだろう。

この列車には、イランから出稼ぎに行った男たちが多く乗っている。物価の高いトルコで稼ぎ、物価の安いイランで暮らそうというわけだ。

マルコ・ポーロもこのあたりの町を歩いている。

タブリスは中世の商都で、高価な金糸、絹糸を売っていた。当時、ジェノアの商人がここまで絹の取引にやってきていたという記録が残っている。商人だったマルコの父親にとっては馴染みの町だったかもしれない。

タブリスからテヘランまでは残り一二時間の予定だった。

イラン国鉄の運行となったため、乗客係はイラン人に替わり夕食時にはタラの缶詰、ナン、ミネラルウォーターをコンパートメントに運んでくれた。食事のサービスが変わったのだ。

缶詰だがひさしぶりの魚がおいしい。残しておいたワインを飲む。イランは厳しい禁酒国なので、ティッシュペーパーでグラスを隠し、部屋でこっそり飲んでいた。

と、突然ドアがノックされて、乗客係が顔を出した。

「検査する」という。

「何を？」ときくと、「その飲みものだ」と、鼻をツンとさせ、何とも威張っている。

もし鉄道警察などが呼ばれたら大変だ。おそるおそる、ワインを注ぐと一気に飲み干し、何事もなかったように立ち去った。

しばらくすると、

「仲間の乗客係も検査したい、と言っている」と、お仲間を連れてきた。

——なんだ、なんだ、そうだったのか。

素直に「一口飲みたい」と言えばいいのに。

「こちらの方も検査したら？」

寝酒用のラクを丁重に差し上げた。

「マムヌーン（ありがとう）」

アルコール禁止の国だが、実は皆が飲みたがっており、こうした機会を捉えて飲めるチャンスをうかがっていたのだろう。

さてさて、列車は酔いどれ列車となりつつあった。

ふだん飲みつけていない酒を飲み、顔を赤らめて、千鳥足。これじゃあ列車も遅れるわけだ。

案の定、テヘランへ着いた時には列車は大幅に遅れ、車中三泊の予定がいつの間にか四泊になっていた。

**ザクロの起源はザグロス山脈？**

テヘランの中心街から少し離れた郊外のマンションを訪ねた。

実は六本木で知り合ったイラン人、ラフィマさんから「テヘランに行ったら、ぜひ父を訪ねてくれ」と言われていたのだ。

テヘランに住む人の暮らしを覗いてみたかった。父上の住むマンションは静かな街の一角にあり、廊下も広く、落ち着いた格調高いものだった。ドアの入り口には大きな壺に彩り鮮やかな生花が飾られている。

父上のラフィマさんはかくしゃくとした白髪の紳士、かつてのペルシア軍の老将を思わせる風貌だ。母上は長い髪の碧眼の淑女である。

「飲み物は？」ときかれて、驚いた。テーブルにはすでにワイン、スコッチ、リキュール、ウォッカのボトルがずらりと並べられている。

「大丈夫です。外国からのお客様を迎える時くらいアッラーも許してくれるでしょう」

悠然としている。

すでに引退されているが、現役時代は外資系の自動車会社でエンジニアをしていたという。先祖はケルマンシャー（北西部）出身のクルド人で、代々王家に仕えた名家のようだ。クルド人と言えば不幸な難民を想像したが、こうした身分の高い地位のある人もいるのか、と認識を新たにした。

「イランではね、退職してからが本来の仕事ですよ。六〇歳からが人生なのです」

詩が好きで八〇歳の今も詩作に励んでいる。コンピューターもこなし旅行好き。世界を旅して来日したこともある。

「日本人は仕事に熱心だ。職人が誇りをもっている。尊敬しているよ」と、お褒めの言葉をいただいた。

夫人の手作り料理をご馳走になった。

サラード（野菜サラダ）、スーペ（スープ）、キャバーベ（羊肉料理）、みなとびきりおいしい。出色だったのが最後に出されたサフラン・ライスだ。クルミ、羊肉が入り、サフランの芳香、紅の色があざやかだ。サフランはその雌蘂《めしべ》を乾燥させたもので、高価な香辛料となり鎮痛、胃痛にも効くという。ザクロソースがとりわけすばらしい。

「ザクロはイランでは六〇〇種あるんですよ」と、夫人。

ザクロは種を干して粉にして料理や薬（喉、胃に効く）に使う。〝天国の果物〟と呼ばれ、神聖なものとされ寺院の庭に植えられる。

「原産地は？」ときくと、

「もちろんイランじゃよ。体にいいし、安いし、これ以上のフルーツはないよ」とラフィマさん。

秋の終わりから冬にかけてが、旬だという。

イランにザグロス山脈がある。国の東部を南北に貫く山脈だ。

ザクロの名はザクロスに由来しているのではないか？と、ふと思った。

「イランではザクロはアナールと呼ぶ。ザグロス山脈は確かにアナールが名産だ」

ザクロは漢の時代、張騫が西域から持ち帰り、日本へは平安時代に伝来した。当初は食用ではなく観賞用に庭木として栽培されたという。

そういえば、口紅や食用油、漢方薬としても珍重される紅花ももとは西アジアから伝わったシルクロードの花である。日本では山形県の県花となっている。

――まゆはきを俤《おもかげ》にして紅粉《べに》の花

『おくのほそ道』で芭蕉は尾花沢を訪れ、この花を詠んだ。

マルコ・ポーロは旅の途上でイラン高原で一面に咲く紅花をきっと眺めたことだろう。日本の旅人・松尾芭蕉と世界の旅人・マルコ・ポーロは予期せぬところでつながっていた。

## 2　カサブランカ、一夜の幻惑　▼モロッコ

### オマール海老の美味に酔いしれる

モロッコといえばカサブランカと、誰しもが思い浮かべることだろう。

カサブランカはアフリカ大陸の北、大西洋に面しており、ヨーロッパとアフリカとの接点をなす港町だ。ここではかつて支配したフランスと独立後のアラブの二つの風が吹いている。

市街地を離れ、北の岬に近いアル・アンク灯台近くのレストランにいた。

灯台のライトがカーテンを通して、ときどき思い出したかのように光り、白いテーブルクロスの食卓にやわらかな光を届けている。窓外は闇、漆黒のベールのなかで波音だけが騒ぐ。

灯火を受けると暗い海に波だけが白く浮かんで見えた。

「ボンソワール・ムッシュ」

「ボナペティ」

テーブルの向こうからダークスーツに身を固めた年老いたボーイの低い、恭しいフランス語が流れてくる。私たちも気取って、

「ア・ボートル・サンテ」

「サリュー」

小声で囁き合うように白ワインで乾杯した。

お相手は、本来ならば金髪の美女のはずなのだが、残念ながら今回は写真家のUさんだ。Uさんは家族とともにリオデジャネイロで暮らしている。奥さんが日系ブラジル人だからだ。海外取材は通常私と写真家が連れ立って成田から離陸するが、この時、私は久しぶりにUさんを誘いカサブランカで合流したのだった。

カサブランカといえば、誰しも往年の名画が思い出される。ハンフリー・ボガードとイングリット・バーグマン主演の映画『カサブランカ』だ。

第二次世界大戦のヴィシー政権の戦時下、パリで別れた男女がカサブランカで偶然に再会しふたたび恋に燃えた。しかし、女はすでに結婚しており、夫はドイツ警察に追われる身だった。その後の恋のやりとりは省くが、結局、ボガードは恋人とその夫の二人をアメリカへ亡命させるために働き、自分はひとりカサブランカに残る。会うが別れのはじまり、二人はまた別れねばならない運命だった。夜の空港での別れ、画像に滲み出る男の孤独感と女の純情に世界中の人々が泣いた。

——そんな昔のことは覚えちゃいない。そんな先のことは分からない。

ボガードのセリフがかっこよかった。

私は戦後生まれなので、映画はDVDでしか見ていない。それでも白黒の画面に映し出された、成熟した大人の恋愛美学のようなものを学んだことは思い出す。

とすれば、繰り返すが、私のテーブルの前には艶めかしい金髪のパリジェンヌが座っていて欲しかった。夜の灯台の夜景と美酒に酔いしれ、「アズ・タイム・ゴーズ・バイ」のピアノ演奏に過ぎ去った恋を重ね合わせていてもおかしくはないのである。

ところが私の前には、逞しく陽焼けして無精ひげを伸ばした仁王様のような写真家、U

さんがどっかと座っている。しかも、もはや店自慢の特大のオマール海老にむしゃぶりついているのである。色気があるの、ないのなんてお話にならない。

ヨーロッパのオマール海老はアメリカのロブスターと同じだが、アメリカのロブスターに比べると小振りだ。しかし身は締まり、味が濃厚、価格も高い。オマール（Homard）はフランス語でハンマーの意味である。確かにハンマーのような大きなハサミを持っている。

年に一度、恒例行事のように、Uさんとはアフリカで会っていた。

ブラジルに身を置く彼は、危険を察知した時の身のこなし方といい、野性的な敏捷さといい、こうした遠隔地の多少危険をともなう取材にはうってつけの人材なのである。人心を捉える繊細さ、底抜けの明るさ、差別感をもたない人との接し方、そうした天与の資質が備わっていないと辺境の写真家は務まらない。良き相棒、否、心強い用心棒というべきかもしれない。

極上のオマール海老を召し上がり、ワインを飲みUさんは満足げだ。

しかし、向き合って、互いに無言が続いている。

どうやら私たちは映画『カサブランカ』を思い出し、ボガードとバーグマンの秘めた恋を回想しながら、過ぎさった青春の恋物語を回顧し、心のなかで互いの相手のミスマッチを呪っていたのだろう。

## 大西洋の多彩な地魚

モロッコは素晴らしい国だ。

時は六月、街路には日本の桜花を思わせるジャカランダが咲き、街行く女たちは黒いチャドルに身を包み、混沌としたメディナ（旧市街）にはターバンを巻いた男たちの謎めいた微笑があった。この国にはアフリカ各地で見られるような貧困の翳りはなく、ぎすぎすとしたあるいは乱暴な人との接触もなく、なぜか明るくおっとりとした気分のなかに時は流れている。

アラブ諸国のなかで珍しく王様がおわす国のゆえなのか、旧支配者がフランス人だったからなのかは分からないが、陽気さとおしゃれな感性がどことなく感じられる国なのだ。

この「ラ・メール」のように、気品があり格調の高いレストランがこの街に存在するのも不思議ではない。ラ・メールとはフランス語で「海」。灯台の下にあり、眼前が大西洋だからである。

店の売りはシーフードで、遠路はるばるやってきた東洋の旅人には嬉しい限りだ。しかも珍しい地魚が揃っている。礼儀正しいボーイがとれたてのオマールやまだ生きているような地魚を籠の上に置き、現物を見せながら注文を取りにくる。客はサカナを眺めながら指で食べたいものを指し示す。

地魚はロット、ソール、ルー、ルージュなど。ロット（Lotte）はアンコウの一種。ソール（Sole）は舌ビラメ。ルー（Loup）はスズキ、ルージュ（Rouget）はホウボウ。とりわけオマールは地場の名産で味は伊勢海老（Langouste）と双璧をなす（エビ類の伊勢海老はオマールとは違い巨大なハサミをもっていない。オマールはザリガニ類に属し、味は伊勢海老に比肩するが、こちらはハサミの繊維質の多い部分と柔らかい本体の身の部分の両方の味が楽しめる）。

熱湯にかるく塩をいれて生きたままのオマールを茹でると、みるまに殻は真紅となる。巨大なハサミのなかに繊維状にぎっしりと詰まった身は柔らかく、バターソースをつけて大胆にむしゃぶりつく。食べはじめると、どんな美酒もおしゃれな会話もぴたりと止まってしまうから不思議だ。

大西洋の荒波の密かな岩礁に、長年かけて結晶した大海の恵みを、たまの贅沢を許して、とばかりに口中に放り込み、一気に頬張る豪快さ。天に昇る心地とはこういうことを言うのだろう。

モロッコ沖の大西洋は、日本の漁業基地としても知られている。

カナリア諸島のラスパルマスはマグロ漁場として有名だ。モロッコからは目と鼻の先である。大西洋ではマグロをはじめ、イカ、タコ、タイ、アジ、サバなど日本の食卓でおなじみのサカナはほとんど獲れる。とくにアガディール（西方の港町）でのイワシの水揚げは世界有数で、日本で売られるオイルサーディンの缶詰の大半はこの港で水揚げするイワシなのだ。

ワインもモロッコ産はいい。メクネスあたりのブドウ畑で作られる白ワインはキリリとして透明感があり、腰細で繊細な味わいがある。またモロッコだけというグリと呼ばれるグレイワイン（白に若干赤が混じったもの）があり、こちらもお勧めだ。イスラム教国だがこの国は比較的寛容でワイン、酒類に縛りはない。

満腹、ほろ酔いの帰り道、私たちはハイアット・リージェンシーホテルのバー、「カサブランカ」に立ち寄った。ここは映画の〝リックの酒場〟を再現した高級バーで天井から吊り下げられた扇風機が植民地時代の郷愁を演出している。

そこで私たちが出会ったのは紛れもなく、バーグマン風のパリジェンヌ。しかも、深夜、たった一人での登場なのである。

「ボン・ソワール！　マドモアゼル」

思わず、声をかけてしまった。

「ボン・ソワール・ムッシュ」

優しい微笑が返ってくる。

お付き合いの一杯を受けてくれそうな雰囲気である。

と、カメラマンのUさんが私の耳元で、

「危ないですよ。きっとジゴロがいます。たかられてドルが飛びますよ」

――モロッコでは、時々、用心棒が邪魔な時もある。

**タジンとクスクスを召し上がれ**

モロッコではメディナ（旧市街）を覗いてみよう。

どの街にもメディナはある（日本では「カスバ」と誤称している）。

世界でもっとも複雑な露地といわれる市場だ。メディナに一歩足を踏み入れるとたちまち迷宮入りしてしまう。まるで中世そのものの世界で、道の両側にはスーク（露天市場）が並び立ち、荷を運ぶロバが狭い通路を往き来する。

市場の人々はジェラバやカフタンの民族衣装に身を包み、職人仕事に精を出す。モスクの尖塔からは朝な夕なにムアッジン（祈りの呼びかけ）の声が鳴り響く。たとえ近くでゲリラ戦があっても、ここだけは中世のまま時が止まったかのようだ。

メディナでのおすすめはミントティーだ。路端のカフェに入りミントティーを飲みながらの道行く人々のマンウォッチングが楽しい。民族衣装を着た芸人、パイプをくわえたフランス人、ジーンズ姿だが頭からスカーフをすっぽりと被った若い女性、ガムを噛みながら連れ立って歩く少年たち……ここもなんだが映画の舞台のようだ。ミントの葉がたっぷり入った器にポットからたっぷりと紅茶を入れて、砂糖をティースプーンに一杯入れる。明日は明日の風が吹く、旅の疲れもどこへやらという気分になる。

街歩きの夕食の定番はタジンとクスクス。どんなレストランでもこのメニューはある。タジンはいわば土鍋料理で、円錐形のとんがり帽子のような蓋のついたタジンポット（土鍋）を使い、トマトやキャベツ、豆やハーブ（香辛野菜）をベースに、肉を入れて蒸し焼きにしたもの。密封した土鍋のなかで野菜、肉の水分が溶けあって出汁《だし》となり、すばらしい味が出来上がる。日本では豚肉が人気のようだが、モロッコでは豚肉はご法度で羊肉、鶏肉が使われる。また店によってはホタテ、ムール貝、カキなどの海鮮鍋もある。

クスクスは北アフリカが発祥の穀物だ。デュラム小麦（硬質小麦の一種）の粗挽き粉に水を含ませ、細かく丸めて乾燥させたものだ。最近日本のスーパーにも出現している。蒸したクスクスの上からスープをかけて、野菜や羊肉を混ぜて、手でつまんで食べる（必ず右手を使い左手は使わないこと。左手は用を足す時に使う手で不浄とされる）。

タジンとクスクス、それにモロッコワインの白か、チュニジアの赤ワインがあれば、いうことなし。

イスラム国なのに酒が飲めるの？　などと野暮な質問はこの際なし。モロッコもチュニジアも堂々とした国産のワインがウリの国なのだ。外国人はおおっぴらに飲めるが、正しいイスラム教徒の彼らはアッラーの神に酒は禁じられており、ほとんど口にしないのが通常だから、あまりはしゃいで飲まないこと。

モロッコは複雑な歴史を経て独立した国家だ。七世紀にイスラム帝国をなしたウマイヤ朝のムーサーがこの地をイスラム化とアラブ化をなして以来、アッバース朝、マラウィー朝、スーフィー朝と分裂、覇権闘争が続いた。ようやくまとまったのが一七世紀になってからで、現在のアラウィー朝ムハンマド三世が統一したが、一九世紀にはフランスの植民地となり、イギリス、スペインが加わり植民地争奪戦争に巻き込まれた。

今でもモロッコは、王様が存在している。国王のムハンマド六世は開かれた王として知られ、一般女性と結婚し一夫一婦制を維持、またこの上なく和食好きで日本人シェフを王宮におき、日本米の食事を欠かさないという。

## 3　サヴァンナの宴に酔いしれる　▼ケニア

### スタートは山羊の焼肉から

辺境にこそ食の原点がある。

都会ではエスニック料理といえども洗練されて形は進化してゆくが、辺境は頑固にその原形を保っている。辺境では調理（技）よりも素材だ。素材こそ料理の原点であり、辺境の「力」である。

一度アフリカの水を飲んだ者は、また必ずアフリカに帰ってくる――植民地時代、イギリス人が残した諺があるが、その諺に倣い私もアフリカ、ケニア通いを続けてきたひとりだ。

ケニアには旅仲間と行くことが多かった。一般的に旅好きはアフリカ派か、インド派のどちらかに分かれるという。両方とも自然と人間模様、異文化（カルチャーギャップ）が魅力で究極のディスティネーションとなるようである。そのどちらにも通う、という人は私の旅仲間でもいない。私はアフリカ派でインドには一度も行っていない。

ケニアはナイロビが玄関口だ。ホテルに着き部屋にスーツケースを置き、さて、どこへ食べに行こうか、と仲間とロビーで落ち合うと、真っ先に出てくるのがカリコール・マーケットだ。

ナイロビの下町、レスコスロードにある市場には、十数軒のアラブ風の焼肉屋がひしめくように並んでいる。食堂の入り口では、アラブ人のブッチャーが斧のような大きな包丁をもち、ぶらさげた山羊の半身から肉を切り落としている。初心者にはやや危険な匂いのするところだ。

この界隈、昼食時にはもうもうと肉を焼く煙が立ち昇り、肉の脂肪の焦げる匂いが通りにまで漂ってくる。栄養満点で元気の出る黒人労働者の昼飯処である。

屋台のような食堂には、ビニールのテーブルクロスをかけた机と学校の生徒が使うような木製品の椅子が並んでいる。

まずはスクマウィキを頼む。スクマウィキは、ケール（緑黄野菜）とタマネギ、トマトの煮込みスープ。スワヒリ語で「スクマ」は「押す」、「ウィキ」はウィークの訛りで「一週間」の意味だ。つまり、これを食べると一週間元気でいられるというわけ。

ついでごはん代わりのウガリ。ウガリはケニア人の常食で、白トウモロコシの粉に熱湯を注ぎ、こねて団子のように固めたもの。日本のそばがきに似ている。白トウモロコシは普通のスイートコーンと違い甘みがない。そのウガリを指でひとかけら取り、スクマウィキにつけて手で食べる。と、いきなりケニア人になったような気分になる。

本命の山羊肉は、ブッチャーが目の前で卸してくれる。五〇〇グラム単位だ。肋骨がついたままの塊である。それをスライスしてもらい、目の前に置かれた鉄板で自分で焼く。味は塩、胡椒だけ。これを、生トマトをかじりながらいただくと、明日からの元気がたちまち湧いてくる。少し生ぬるいがケニア産のタスカビールでも飲みながら、お腹いっぱい頬張ってみよう（ただし、缶ビールは事前に自分で買ってゆくこと。イスラム教徒の店では酒類は提供しない）。

国際都市、ナイロビには黒人、白人、アラブ人、インド人、中国人が混在して暮らしている。

インド人は、イギリスがウガンダ鉄道建設の折、当時植民地だったインドから賃金労働者としてアフリカへと運んできた人たちの子孫だ。

ナイロビでの昼ごはんのおすすめはカレーかもしれない。インド人が持ち込んだカレーは今や一般的なケニア料理で、どこの町へ行っても必ず専門店がある。ケニア人のソウルフードといってもいいだろう。

肉や野菜を長時間煮込み、ほとんどがスープ状のものが多いが、多彩なスパイス（ローリエ、シナモン、カルダモン、ターメリック、唐辛子など）を入れるため、香りが豊かで味は本格的だ。ここではナンとともに食べるのが一般的だ。

もうひとつ、インド人らが常食としていたサモサがケニアで定着している。サモサとは挽き肉（山羊肉が多い）とタマネギなどの野菜を小麦粉の薄皮で包み、三角形状にしたものを揚げたものだ。街の屋台や食堂なら必ず食べられるスナックで、カレー味がしてとてもおいしい。

中国料理店は日本人には入りやすい。

ダウンタウンのスタンダード通りにある「龍珠酒家」は、日本人のビジネスマンに人気の店で、日本人向けのランチメニューも用意されている。

ただし同じ中国料理でも、やはりナイロビだからメニューにはスパイスをいっぱい利かせたスペアリブ、カレー味のエビなどアフリカ色が出る。日本人にはおなじみの餃子や春巻、青椒牛肉（チンジャオロース）などもある。しかし、やはり白人系の客が多いせいか、味付けはいささか西洋化しており、本場中国の味の真髄を期待すると、いささかがっかりするだろう。まぁ、ロンドンで食べる中国料理と思えば間違いはない。

ナイロビを訪れた観光客が必ず連れて行かれるのが、その名も謝肉祭という名のレストラン「カーニバル」だ。ナイロビを代表する名物レストランといっていい。

まさにバーベキューのオンパレード、という感じで、牛肉、豚肉、鶏肉はもちろんのこと、インパラ、ゼブラ、エランドなど野生のゲームデッシュ（狩猟獣の肉）がお好み次第で味わえる（自然公園内は狩猟禁止だから、公園外で害獣駆除として処分されたものか、あるいは飼育獣肉を使っている）。

レストランは野外パーティを楽しめるよう芝生のある庭に面しており、グループごとに大きなテーブルに分かれている。焼かれた肉は各テーブルに大串に刺されて運ばれ、目の前でコックが一人前ずつカットしてくれる。野趣味溢れるコース料理を満喫していただきたい。

## 富裕層の常連が行く「タマリンド」

「タマリンド」は、ナイロビでナンバーワンの高級レストランだ。ナイロビで一番ということは、ケニアで一番。ということはエチオピア、タンザニア、ウガンダなど、つまり東アフリカ諸国を含めて一番高級ということに間違いはない。

まずは前菜で生ガキをお勧めしたい。「ケニアでカキ（FRESH OYSTERS）!?」と驚かれる方も多いだろうが、実はカキはケニアの名産で、ヨーロッパへも輸出されている。カキはコースト（東海岸）地方、おもにモンバサ沖のサンゴ礁の海で育った天然カキだ。小粒ながら、新鮮で、柔らかく、野生の滋味が口中にほとばしる。

タマリンドの本店はナイロビではなくモンバサにある。モンバサはアラビア人が作った貿易港で、ケニア第二の都会だ。インド洋に面した本店も格調高く高級感に溢れ、広い空間があり気分がよい。ナイロビ店では魚介類はモンバサから直送されるからとびきり新鮮で安心できる。

ケニアなど普通は人生で一度きりしか来られないところだろうから、一度くらいはこうした贅沢なグルメを楽しんでいただきたい。

もう一品、ティラピアの焼き魚はいかがだろうか? WHOLE BAKED TILAPIA "St. TPOPEZ"(サントロペ風ティラピアの姿焼き)。こちらはハーブを添えたティラピアの焼き魚で、思わず醬油が欲しくなる。

ティラピアはケニアの代表的な湖沼魚で、スズキの仲間なので白身がおいしい。かつて日本の山の温泉旅館では〝いずみ鯛〟と称して刺身で出したりしていた。

箸休めのお勧めはクラブビスク。蟹のスープで、香辛料が利いて香り高く、繊細な気品をたたえたこの潮汁は、まさにインド洋の海のエキスをまるのみするかのようだ。

さて、メインディッシュはやはり雄大なアフリカ大陸の野と風の香趣を感じさせる狩猟獣を、とメニューを探せば、あった、あった。インパラのフィレ肉の燻製(SMOKED

IMPALA FILLET WITH CHILLED MOUNTAIN PAWPAW）。

インパラはサファリでおなじみの野生の鹿。おしりに黒い三本のストライプがあり、ディズニー映画などで見る、あの〝カワユーイ小鹿〟である。草原を群れなして駆ける様は、サンゴ礁の熱帯魚が突然の闖入者におびえて飛び散る風景にも似ている。

それはさておき、肉はスモークの香りが荒らぶる野生の魂を鎮め、肉汁が潤す柔らかな肉の奥深さはケニアならではの味だろう。瑞々しい山野のパパイヤで、口中にうずまく獣肉の雑念を清めながらいただくと、栄華を極めた旧植民者たちの〝見果てぬ夢〟さえ茫漠と立ち昇ってくる。

店内はほの暗く、吹き抜けの大天井からは見事なシャンデリアが吊り下がる。ここでは現地のケニア人の姿はまずお目にかからない。店頭には終日ガードマンが見張りに立ち、あたかも〝白人保護区〟の観さえある。タマリンドはケニアの食文化の一端であり、大英帝国時代の古き良き時代の〝置きみやげ〟だと言ってよいだろう。

一方、隣国のソマリア、エチオピアでは幾万もの民が、今も飢えと病気に苛まれているのは周知のことだ。ケニアでもサヴァンナの砂漠化が進行しており、農民や遊牧民たちが都市に集中し、ナイロビは失業者と難民が街に溢れ、瀕死の状態でもある。アメリカ大使館がアルカイダのテロ集団に襲われたのも記憶に新しい。

冷えた白ワインを飲み、体中に美食の満つる快感を味わいながら、一瞬、東洋の凡夫は複雑な心境に襲われる。

「ディドユー・エンジョイ・ユアディナー、サー？　エニシングエルス？」

しかし、このサービス精神溢れる微笑に、凡夫の携える杞憂はたちまちに何処へやら。

「うん、じゃあ、ティアマリアを一杯」

ケニアにはローカルブランディはないが、このコーヒーリキュールはなぜかしらたいへん人気がある。甘く、べっとりするほどの濃いリキュールだが、乾いた荒野の空気に合うのかもしれない。

**サヴァンナの極楽**

ナイロビを離れたサヴァンナの森には、いくつかのサファァリロッジがある。ケニアの訪問者の目的はここでの滞在とサファァリ（野獣観察）だ。

「グッドモーニング、サー、ティー、プリーズ」

サファァリロッジの朝は黒人ボーイの声で目覚める。

銀製のお盆の上にはウェッジウッドのティーカップ、白い清潔なナプキン、ビスケットが添えてある。ボーイは黒ズボン、白い長袖シャツ、蝶ネクタイの正装で礼儀正しい。

サファリロッジでは万事がイギリス流だ。ケニアはかつてイギリスの植民地だった。祖国を遠く離れたイギリス人らは、この地で快適な生活を送るためめうぶな黒人たちにしつけを施した。貧しい黒人たちは日々の糧を得るため彼らの流儀に従った。

モーニング・ティーはイギリス貴族たちの習慣だ。寝巻のままベッドで朝の紅茶で目を覚ますのが彼らの優雅なライフスタイルだ。

空は赤紫色に染まり、一日がはじまろうとしている。野鳥の声が騒がしいほど森から聞こえる。

朝食は大テントの会場だ。ボーイがジュースの種類、卵の調理法（目玉焼きか茹で卵かオムレツか）、ハムかベーコンかソーセージか、などを聞いてくる。茹で卵をと注文すると、何分か、と聞き返される。この作法も英国人仕込みなのだろう。間もなく注文通りの温かい朝食がセットになって運ばれてくる。東洋の凡夫には、イギリス風の薄いトーストはお腹に溜まらない。ベークドしたジャガイモのお代わりを頼むと、次の朝はボーイがちゃんと覚えていて、皿には二つのジャガイモが並んでいる。

イギリス人は黒人を教育し単純作業を徹底させた。サファリガイド、ドライバー、コック、ボーイ、掃除婦、洗濯婦……彼や彼女らは、その職分のプロとなって成長し見事なほど専門化している。

サファリは朝と夕に行われ、サヴァンナにジープに乗って出かける。

かつては銃を手にしていったが、今はカメラだ。ライオン、シマウマ、ガゼル、バッファロー、象、ハイエナ、イボイノシシ……、ガイドは草原の遠くに動物を発見し、ドライバーは巧みに写真が撮れる場所までしのびよる。

「ワンダフル！　トレフィック！」

そのたびに車内から女性の歓声があがる。白髪の高齢者の男女は、ここでは少年少女に還ったようだ。

動物たちは美しく、毅然としており、また華麗だ。寝てばかりで飼育係の差し出す餌に群がる動物園の動物たちとはまるで同族とは思えない。

ここでは生と死、弱者と捕食者が向かい合っている。草原の露と消えた弱き命は捕食者の栄養となり、その排泄物は草木を育てる。弱者がその草木を食べてふたたび育つ。サヴァンナではすべてが循環している。今流の言葉でいえばサスティナブルな環境だ。

午後、リゾート客はプールサイドで日光浴か、テントの前のテーブルで静かに読書を楽しんでいる。日本人観光団のように名所めぐりや買い物にあちこち出かけない。ヴァカンスとは日常を忘れ何もしないことが本命なのだ。

ディナータイム、彼らは正装して大テントに集まってくる。昼間はカジュアルなサファリスタイルだったが、夜にはジャケットとネクタイ、婦人はロングドレスでめかし込む。ディナータイムは社交の場なのだ。

ここではディナーは毎食同じで変わりがない。スープのあと前菜はスモークサーモンと野菜サラダ、料理は牛肉、ラム、鶏肉と夜ごとにメインが変わるだけだ。ジャガイモ、ニンジン、グリーンピース、カリフラワーなど添えられる温野菜は毎晩同じである。

これもイギリス流なのだろう。イギリスの田舎町の貴族の館にホームステイしたことがあったが、三晩ともステーキディナーだった。ただ添えられたジャガイモだけが、ベークド、ボイルド、マッシュと日ごとに変わっただけである。

日本人の食卓は、ごはんとおかずというふうに主食と副菜を必ず分けて出されるが、イギリス人には主食と副菜の区別はない。フランス人はバゲットをよく食べるが、イギリス人好みの薄っぺらなトーストは主食とはならない。と思えば、ジャガイモが日本人のコメと同じようにイギリス人の主食なのだろう。

## シェ・シェールという名のレストラン

ケニアでもう一つ特別なレストランに行ってみたい。

場所はマリンディ。ケニア、コースト（東海岸）にある古い町だ。

マリンディはモンバサと同じくかつてはアラブ人の貿易港で、モンバサの八〇キロメートルくらい北にある。人口二万人ほどの町だが、歴史があり、大航海時代の頃、バスコ・ダ・ガマがここに上陸した。港近くにはガマの上陸記念碑が立っている。

この町にちょっと風変わりなレストランがあることを知ったのは、ケニアのグルメガイドブック *KENYA・EATINGOUT* で、三ツ星の評価がされていたからだった。このガイドブックで三ツ星は最高級の評価で、ほかに私の知る店ではモンバサの「タマリンド」、マサイマラの「ガバナーズ・キャンプ・レストラン」くらいしかない。いずれも一流処である。その三ツ星レストランがここ地方の港町マリンディにあるというのだからたちまち心惹かれた。

レストランの名は「シェ・シェール」。「愛しい人の家」という意味か。

電話予約すると、店の主人らしき男性が流暢なゆっくりとした英語で「迎えのクルマを出すから」とのこと。ホテルで待っていたら、約束通りの時間に四駆のランドローバーが迎えに来た。運転手にきくとレストランはマリンディの町から北へ二〇キロメートル！も離れているという。

夜の海岸に沿っての街道は不思議な雰囲気だった。

イスラム教の白いモスク、アラブの寒村の白装束の女たち、不審げにクルマをうかがう黒人たち……好奇心とないまぜの不気味な眼光が車窓を流れた。夜の町を抜けさらに川を渡り、砂浜を駆けることおよそ一時間。とても長い時間に思われた。

どこか無人の波止場にでも連れられてゆき、そこには武器をもった運転手の仲間が待ち受けているのでは？　とよからぬ危険な想像が頭をめぐった。

ところが予想に反して、シェ・シェールはインド洋を前にした渚の片隅にポツンと建つ民家だった。ココナッツの葉を葺いた漁師ふうの家をそのままに、窓ガラスも電灯もなく、ランプの光が淡く食堂を浮きたたせている。

なかに入ると、おびただしいワインセレクションに驚いた。淡いランプの光は純白のテーブルクロスを照らし、正装の黒人のボーイが礼儀正しく客を迎える。

料理はその日のお任せのようだ。まずは新鮮で大きなゆでたロブスターがまるのまま一尾とシーバス（スズキ）の姿そのままの蒸し焼き。南フランス風の上品だが、少しローカル色ある味付けでバターの多い、スパイスの利いたソースがこのうえなくおいしい。久しぶりの冷えたシャブリも極上だった。大満足で二時間くらいがあっという間に過ぎていった。

店主は中年独身のアメリカ人で、ひとりでケニアにやってきて、有名ホテルやレストランのアシスタントマネージャーを経験して、ここにレストラン兼B&Bをオープンしたという。それがバックパッカーの間に情報が流れ、ここはそうした世を少しはずれた旅行者やマリンディの白人、アラブ人の富裕層が贔屓の客となっているようだ。

食後、客たちは絨毯が敷かれたアラビア風のラウンジで横になり、食後酒を飲みながら会話を楽しむ。

店主がカルヴァドスをもってきて客にすすめる。スペインからの女性客はプロのヴォーカリストでギターを弾きながらファドを歌ってくれた。ほかにはパリからの吟遊詩人、カリフォルニアから来たヒッピーの末裔と、なんだか正体不明のフシギな人たちと世俗を離れた雰囲気に包まれて、アラビアンナイトはふけていった。

これもケニアの顔である。

このファンタスティックで、アドヴェンチュラスな赤道直下の出来事は、わがグルメノートにしっかりと書き残されている。

【著者】
芦原伸（あしはら しん）
1946年三重県生まれ。紀行作家、ノンフィクションライター。北海道大学卒業。鉄道ジャーナル社編集部を経てフリーランスに。78年創作集団「グループ・ルパン」を主宰。新聞、雑誌を中心に世界70ヵ国を取材する。2007年出版社「天夢人 Temjin」を設立。雑誌「旅と鉄道」「SINRA」の発行人・編集長を歴任し、19年退社。日本旅行作家協会、日本文藝家協会、日本ペンクラブ会員。著書に『森の教え、海の教え』（天夢人）、『ラストカムイ』（白水社）、『北海道廃線紀行』（筑摩選書）、『旅は終わらない』（毎日新聞出版）がある。

平凡社新書1018

世界食味紀行
美味、珍味から民族料理まで

発行日——2022年12月15日　初版第1刷

著者——芦原伸

発行者——下中美都

発行所——株式会社平凡社
〒101-0051 東京都千代田区神田神保町3-29
電話 (03) 3230-6580［編集］
(03) 3230-6573［営業］

印刷・製本—図書印刷株式会社

装幀——菊地信義


ISBN978-4-582-86018-4
平凡社ホームページ　https://www.heibonsha.co.jp/